Über die Art und Weise, mit Fürsten zu verhandeln.

Über den Nutzen der Diplomatie; die Wahl der Minister und Gesandten; und die persönlichen Qualitäten, die für den Erfolg bei Auslandseinsätzen erforderlich sind

Monsieur de Callières

Writat

Diese Ausgabe erschien im Jahr 2023

ISBN: 9789359251059

Herausgegeben von
Writat
E-Mail: info@writat.com

EINFÜHRUNG

DIPLOMATIE ist eine der höchsten politischen Künste. In einem wohlgeordneten Gemeinwesen würde es aufgrund eines großen öffentlichen Dienstes hohes Ansehen genießen, in dessen Händen die Sicherheit des Volkes größtenteils liegt; und es würde so seinen gesamten Anteil nationaler Fähigkeiten und Energie in seine Reihen holen, der heute zum größten Teil in andere Berufe fließt. Aber der diplomatische Dienst hat zu allen Zeiten und in fast allen Ländern unter mangelnder öffentlicher Wertschätzung gelitten, obwohl er vielleicht noch nie so viele Kritiker hatte wie heute. Seine fast beispiellose Unbeliebtheit ist auf eine Vielzahl von Ursachen zurückzuführen, von denen einige vorübergehender und entfernbarer Natur sind, während andere in menschlichen Angelegenheiten von Dauer sein müssen, denn es wurde festgestellt, dass sie in der Zeit wirken, als der Autor dieses kleinen Buches in der französischen Diplomatie glänzte. Die Hauptursache ist öffentliche Vernachlässigung; Aber es liegt nicht zuletzt auch an der vorherrschenden Verwechslung zwischen der Politik, dem Inhalt, und der eigentlichen Diplomatie, dem Prozess, durch den sie durchgeführt wird. Diese Verwirrung besteht nicht nur in der allgemeinen Meinung, sondern sogar in den Schriften von Historikern, von denen man ein besseres Urteilsvermögen erwarten könnte . Politik ist Sache der Regierungen. Die Verantwortung liegt daher beim Außenminister, der die Politik leitet und deren Vertreter ernennt. Aber die verfassungsmäßige Doktrin der ministeriellen Verantwortung ist keine unveränderliche Realität. Niemand wird behaupten, dass Lord Cromers Erfolg in Ägypten der Weisheit Whitehalls oder etwas anderem als seinen eigenen herausragenden Qualitäten zu verdanken war. Eine gerechte Beurteilung unserer jüngsten Diplomatie auf dem Balkan kann auch nicht umhin, einen Großteil der Schuld auf die Inkompetenz von mehr als einem „Mann vor Ort" zu schieben. Die Wahrheit ist, dass das gesamte System, für das sowohl Downing Street als auch die Botschaften im Ausland *verantwortlich sind* , den Bedürfnissen der Zeit nicht entspricht und dies auch nicht sein wird, bis die hervorragenden Maximen von Callières zur allgemeinen Praxis werden des Dienstes.

Diese Maximen sind in dem kleinen Buch zu finden, von dem hier eine freie Übersetzung vorgelegt wird. François de Callières betrachtet Diplomatie als die Kunst , die der *Négotiateur* – ein höchst treffender Name für den Diplomaten – bei der Ausführung der Anweisungen von Staatsmännern und Fürsten ausübt . Allein die Wahl des Wortes *manière* in seinem Titel zeigt, dass er Diplomatie als Diener und nicht als Autor der Politik versteht; Und tatsächlich ist seine Argumentation noch nicht viele Seiten alt, schon hört man ihn darauf beharren, dass es sich um „den Agenten hoher Politik" handelt. Die Beachtung dieser Unterscheidung ist die erste Voraussetzung fruchtbarer Kritik. Daher lohnt es sich , gleich zu Beginn die Dunkelheit und Verwirrung, die das Thema umgibt, zu beseitigen und so in gewissem Maße sowohl die Diplomatie im Allgemeinen als auch den einzelnen Diplomaten im Besonderen von der Last irrelevanter und ungerechtfertigter Kritik zu entlasten.

„Geheimdiplomatie" hat in der jüngsten öffentlichen Diskussion eine so große Rolle gespielt, dass die Verwechslung zwischen Außenpolitik und eigentlicher Diplomatie nur noch schlimmer geworden ist. Und selbst wenn die Kritiker der Diplomatie die Reichweite ihres Angriffs auf die Frage der Effizienz unserer Vertretung im Ausland beschränkt haben, lässt die Art ihrer Kritik vermuten, dass Diplomatie das schillernde und gefährliche Handwerk ist, das auf den Seiten von Herrn . Le Queux . Das Bild von brillanten Jugendlichen und gerissenen Graubärten, die eifrig im Ausland für das Wohl ihres Landes lügen, erfüllt weiterhin die Fantasie der Bevölkerung, obwohl die Lektüre einer der hervorragenden Memoiren der großen Diplomaten der Vergangenheit ausreichen würde, um zu beweisen, dass Sir Henry Wotton berühmt ist Der Witz übertraf die Wahrheit bei weitem. Bei jedem Fall, bei dem es zu Täuschungen kam , gibt es ein Dutzend, bei denen die Verhandlungen dem offensichtlichen Verlauf einer praktischen Diskussion folgten, bei der „die Anwendung von Intelligenz und Fingerspitzengefühl" zu einer Einigung führte. Im Wesentlichen erfordert die Diplomatie daher die gleichen Qualitäten wie jede andere Verhandlungsform. Seine wahre Methode weist große Ähnlichkeit mit einer Geschäftstransaktion auf. Der einzige wesentliche Unterschied zwischen einer hochkommerziellen Verhandlung und einer diplomatischen Transaktion besteht darin, dass bei ersteren die Vertragsparteien gezwungen sind, bestimmte Regeln einzuhalten, und nicht nur an bestimmte strenge Konventionen, sondern auch an durchsetzbare Gesetze gebunden sind; Im letzteren Fall erkennen die Parteien keine Grenzen für ihre Ansprüche und Ambitionen an, außer denen, die durch ein Interesse an ihrer eigenen Bequemlichkeit oder durch die Grenzen ihrer eigenen Streitkräfte festgelegt werden. Dadurch erlangt der Diplomat eine völlig fiktive Ansehenswürdigkeit unter seinen Mitmenschen und nimmt einen übermäßigen Amtsstolz an, weil er einen souveränen Staat vertritt, der keinen Herrn anerkennt .

Nun würde eine Erörterung der Probleme, die sich aus der uneingeschränkten Souveränität jeder Nation in der Außenpolitik ergeben, dieses Argument weit über die Grenzen der eigentlichen Diplomatie hinausführen und muss denjenigen überlassen werden, die jetzt versuchen, eine solide Grundlage für einen Völkerbund zu finden. Aber da diese

Behauptung die Hauptursache aller bewaffneten Konflikte ist, kann sie nicht völlig ignoriert werden; denn solange es anhält, wird es einen tiefgreifenden Einfluss auf den Charakter der Diplomatie selbst haben und einen direkten Einfluss auf die Frage der Effizienz des Diplomaten haben. Das Handeln unserer Vertreter im Ausland bringt die ständige Alternative von Frieden und Krieg mit sich. „Die Kunst, mit Fürsten zu verhandeln", sagt Callières , „ist so wichtig, dass das Schicksal der größten Staaten oft vom guten oder schlechten Verlauf der Verhandlungen und von der Leistungsfähigkeit der eingesetzten Verhandlungsführer abhängt." Das Bewusstsein, dass der Verhandlungsführer eine der Souveränitätsfunktionen wahrnimmt, muss ihm ein tiefes Verantwortungsbewusstsein und eine ständige Sorge um seine eigene Effizienz vermitteln. Und die Landesregierung hat, um Callières noch einmal zu zitieren, die vorrangige Verpflichtung, „die natürlichen oder erworbenen Eigenschaften derjenigen Bürger, die sie auf Missionen in fremde Staaten entsendet , mit größter Sorgfalt zu prüfen ".

Das Epigramm, das uns sagt, dass Nationen die Regierungen haben, die sie verdienen, hat einen engen Bezug zu diesem Aspekt der Diplomatie. Die Hauptfrage ist die Effizienz des Dienstes, der aufgrund der Popularität der Kampagne gegen die Geheimhaltung diplomatischer Maßnahmen in der Öffentlichkeit nur wenig Beachtung findet. Die Geheimhaltung der Diplomatie wird gemeinhin als Komplize des europäischen Militarismus angesehen; und viele von denen, die sich nach dem Krieg eine bessere Welt wünschen, hoffen, dass durch die Aufklärung der Manöver der Großmächte ihre bösen Pläne eingedämmt werden können, bevor sie zu den wiederkehrenden Krisen der Feindseligkeit führen, mit denen wir vor dem Krieg so vertraut waren. In dieser Ansicht steckt so viel offensichtliche Wahrheit, dass sogar *die Times* sie folgendermaßen anerkannte: „Wer führt dann Krieg?" Die Antwort liegt in den Kanzleien Europas, bei den Männern, die zu lange mit Menschenleben als Schachfiguren gespielt haben, die sich so sehr in Formeln und den Jargon der Diplomatie verstrickt haben, dass sie kein Bewusstsein mehr haben der ergreifenden Realitäten, mit denen sie spielen. Und so wird weiterhin Krieg geführt, bis die großen Massen, die der Sport professioneller Intriganten sind, das Wort sagen, das nicht ewigen Frieden bringen soll, denn das ist unmöglich, sondern die Entschlossenheit, dass Kriege nur auf gerechte und rechtschaffene Weise geführt werden dürfen lebenswichtige Ursache" (*The Times* , 23. November 1912). Die Begründung für die wachsende Forderung nach Kontrolle der Außenpolitik durch die Bevölkerung könnte nicht prägnanter formuliert werden.

Bei dem üblichen Argument gegen das Diplomatengeheimnis herrscht jedoch eine gewisse Gedankenverwirrung. Gegen Geheimpolitiken , bei denen die nationale Haftung unbeschränkt sein kann, kann der einzige echte Protest erhoben werden; Denn eine solche Politik ist die absolute Negation der Demokratie und die Verweigerung des grundlegendsten aller Volksrechte, nämlich dass der Bürger wissen soll, zu welchen Bedingungen sein Land ihn auffordern kann, sein Leben zu opfern. Diese Rechtfertigung der Volkskontrolle setzt jedoch nicht die Veröffentlichung diplomatischer Verhandlungen voraus. Vielmehr beruht es auf der Annahme, dass Volk und Parlament wissen, wo die Grenze zwischen notwendiger prinzipieller Kontrolle und der ebenso notwendigen Ermessensfreiheit des Verhandlungsexperten zu ziehen ist. Daraus folgt, dass die Argumente für eine Reform nur durch diejenigen geschwächt werden, die wahllose Angriffe auf den gesamten Diplomatischen Dienst verüben – wie hoch verdient er in einigen Fällen, wie offensichtlich ungerecht in anderen – und insbesondere durch diejenigen, die behaupten, dass die Maschinerie von Die Diplomatie könnte durch Öffentlichkeitsarbeit reibungsloser ablaufen. Die moderne Presse ist mit einem solchen Kommentator nicht so zufrieden; und wir erinnern uns hier vielleicht an Napoleons treffende Überlegung: „ *Le canon a tué la féodalité: l'encre tuera la société moderne* .“ Wenn es für das Gemeinwohl notwendig ist, dass die Außenpolitik den Menschen, die sie so sehr betrifft, bekannt ist und von ihnen intelligent diskutiert wird, so ist es ebenso notwendig, dass sich die Menschen nicht in den eigentlichen Prozess der Diplomatie einmischen, sondern sich dessen bewusst sind Um das Beste aus ihren Beamten im Auswärtigen Dienst herauszuholen, sollten sie solche Transaktionen vertrauensvoll in die Hände eines Experten legen. Bei allen Aktivitäten der Regierung ist dies eindeutig die richtige Arbeitsteilung zwischen dem einfachen Volk und dem Fachberater; und in keinem Ressort sollte es gewissenhafter beachtet werden als in den auswärtigen Angelegenheiten.

Leser dieses kleinen Buches – das Sir Ernest Satow kürzlich als „eine Fundgrube politischer Weisheit“ bezeichnete – werden schnell erkennen, wie sehr dieser einführende Überblick über die moderne Diplomatie den suggestiven Maximen von François de Callières zu verdanken ist . Und wenn die folgenden Seiten ihnen ebenso viel Anregung und Freude bereiten, wie der Übersetzer sie bei der Vorbereitung genossen hat, dürfte der Bevollmächtigte Ludwigs des Vierzehnten eine Schar neuer Freunde gewinnen.

AF WARUM.

An Seine Königliche Hoheit, Monseigneur le Duc d'Orléans , Regent des Königreichs.

MONSEIGNEUR , – Dieses Werk, das ich Ihrer Königlichen Hoheit vorlegen darf, hat zum Ziel: eine Vorstellung von den persönlichen Qualitäten und dem Allgemeinwissen zu vermitteln, die für alle guten Verhandlungsführer erforderlich sind ; um ihnen die Wege zu zeigen, denen sie folgen sollten, und die Felsen, die sie meiden sollten; und diejenigen, die sich für den Auslandsdienst ihres Landes entscheiden, zu ermahnen, sich vor ihrem Amtsantritt in die Lage zu versetzen, dieses hohe, wichtige und schwierige Amt würdig auszuüben.

Die Ehre , die mir der verstorbene König erwies, indem er mir seine Befehle und seine volle Macht für Verhandlungen mit dem Ausland anvertraute, insbesondere für diejenigen, die zum Vertrag von Ryswick führten, hat die Aufmerksamkeit, die ich seit meinen jüngsten Jahren meinen eigenen schenkte, verdoppelt Unterricht in der Macht, den Rechten und den Ambitionen jeder der wichtigsten Monarchien und Staaten Europas, in ihren unterschiedlichen Interessen und den Formen ihrer Regierung, in den Ursachen ihrer Übereinkünfte und Missverständnisse und schließlich in den Verträgen, die sie haben eins mit dem anderen gemacht; um dieses Wissen bei jeder sich bietenden Gelegenheit im Dienste meines Königs und meines Landes bestmöglich einzusetzen. Nach dem Verlust, den Frankreich gerade durch diesen großen König erlitten hat, dessen Herrschaft so voller Ruhm und Triumph war, brauchte es in der Tat die Führung der Hand Gottes, die es immer in seinen Nöten unterstützt hat. Wir mussten in der Tat nach göttlicher Hilfe suchen, die uns während der Minderjährigkeit seiner jetzigen Majestät unterstützte, damit wir hoffen konnten, dass die allmächtige Hand einen Prinzen von gleichem Blut und Geist wie der Verstorbene formen würde. Die Regentschaft brauchte eine Intelligenz auf höchstem Niveau, eine unbegrenzte Leistungsfähigkeit, eine klare Einsicht in den Charakter von Personen und Ereignissen und eine unermüdliche Aktivität, die sich bei jeder neuen Anforderung der Staatsinteressen steigern würde – all dies vereint in der Person eines gerechten, liebenswerten und großzügigen Prinzen, dessen Charakter ihm den Titel eines wahren Vaters seines Landes einbringen könnte. Dies sind die Eigenschaften, die so stark und so tief in Ihnen ausgeprägt sind, Monseigneur, die ganz Frankreich in Hommage vor Ihnen auf die Knie gezwungen haben, mit voller Zuversicht und Glück und einem herrlichen Prestige, das als würdiges Symbol unverfälscht an unsere entferntesten Nachkommen weitergegeben wird deiner großen Herrschaft.

Mit tiefem Respekt und einer eifrigen und liebevollen Verbundenheit zu Ihrer Person, Monseigneur,

Der bescheidenste, gehorsamste und treueste Diener Eurer Königlichen Hoheit,

DE CALLIÈRES.

Die Kunst des Verhandelns.

DIE Kunst des Verhandelns mit Fürsten ist so wichtig, dass das Schicksal der größten Staaten oft vom guten oder schlechten Verlauf der Verhandlungen und von der Leistungsfähigkeit der eingesetzten Verhandlungsführer abhängt. Daher können Monarchen und ihre Staatsminister die natürlichen oder erworbenen Eigenschaften derjenigen Bürger nicht mit allzu großer Sorgfalt prüfen, die sie auf Missionen in fremde Staaten schicken , um dort gute Beziehungen zu ihren Herren zu pflegen, Friedens-, Bündnis-, Handels- oder andere Verträge abzuschließen anderer Art oder um andere Mächte daran zu hindern, solche Verträge zum Nachteil ihres eigenen Herrn abzuschließen; und im Allgemeinen die Verantwortung für die Interessen zu übernehmen, die durch die unterschiedlichen Umstände der Ereignisse berührt werden können. Jeder christliche Fürst muss es sich zur obersten Maxime machen, zur Unterstützung oder Durchsetzung seiner Rechte keine Waffen einzusetzen, bis er den Weg der Vernunft und der Überzeugung angewandt und ausgeschöpft hat. Es liegt auch in seinem Interesse, die Vernunft und Überzeugung durch die verliehenen Vorteile zu verstärken, was in der Tat einer der sichersten Wege ist, seine eigene Macht zu sichern und zu vergrößern. Vor allem aber muss er gute Arbeiter in seinen Dienst stellen, die wissen, wie man all diese Methoden optimal anwendet und wie man die Herzen und den Willen der Menschen gewinnt, denn darin besteht die Wissenschaft des Verhandelns hauptsächlich.

Französische Vernachlässigung der Diplomatie.

Unsere Nation ist so kriegerisch, dass wir uns kaum eine andere Art von Ruhm und Ehre vorstellen können als die, die wir im Waffenberuf erringen. Daher ist es so, dass die meisten Franzosen von guter Geburt sich mit Eifer dem Waffenberuf widmen, um darin voranzukommen, aber sie vernachlässigen das Studium der verschiedenen Interessen, die Europa spalten und eine Quelle häufiger Kriege sind . Diese Neigung und natürliche Anwendung in unserem Volk führt zu einem reichhaltigen Angebot an guten Generaloffizieren, und wir brauchen uns nicht darüber zu wundern, dass davon ausgegangen wird, dass kein hochkarätiger Gentleman ein Oberkommando in den Armeen des Königs erhalten kann, der nicht bereits durchgekommen ist all diese Phasen, durch die sich ein Soldat für den Krieg rüsten kann.

Aber leider ist es bei unseren Verhandlungsführern nicht dasselbe. Sie sind bei uns in der Tat selten, da es im Allgemeinen weder Disziplin noch feste Regeln im Auswärtigen Dienst Seiner Majestät gibt, nach denen sich gute Bürger, die dazu bestimmt sind, Unterhändler zu werden, die für diese Art von Beschäftigung erforderlichen Kenntnisse aneignen könnten. Und in der Tat stellen wir fest, dass man statt einer schrittweisen Beförderung nach

Stufen und durch den Nachweis nachgewiesener Fähigkeiten und Erfahrung, wie es in der Kriegspraxis der Fall ist, oft Männer sieht, die ihr eigenes Land nie verlassen haben, die sich nie darum gekümmert haben Sie studieren öffentliche Angelegenheiten und sind von dürftiger Intelligenz, sozusagen über Nacht zu wichtigen Botschaften in Ländern ernannt, deren Interessen, Gesetze, Bräuche, Sprache und nicht einmal die geografische Lage sie nicht kennen. Und doch darf ich die Vermutung wagen, dass es im gesamten Dienst Seiner Majestät vielleicht keine Aufgabe gibt, die schwieriger zu erledigen ist als die des Verhandelns. Es erfordert die ganze Durchdringung, die ganze Geschicklichkeit, die ganze Geschmeidigkeit, die ein Mann durchaus besitzen kann. Es erfordert ein umfassendes Verständnis und Wissen und vor allem ein richtiges und durchdringendes Urteilsvermögen.

Diplomatie ein Expertenhandwerk.

Es überrascht mich nicht, dass Männer, die diese Laufbahn um Titel und Bezüge willen eingeschlagen haben und nicht die geringste Ahnung von den tatsächlichen Pflichten ihres Postens haben, während ihrer Ausbildung in diesem Dienst dem öffentlichen Interesse schweren Schaden zugefügt haben. Diese Verhandlungsneulinge geraten leicht in den Rausch der Ehrungen , die sie der Würde ihres königlichen Herrn erweisen. Sie sind wie der Esel in der Fabel, der den ganzen Weihrauch für sich empfing, der vor der Statue der Göttin verbrannt wurde, die er auf seinem Rücken trug. Dies trifft vor allem auf diejenigen zu, die von einem großen Monarchen in Missionen zu Fürsten niedrigeren Ranges angestellt sind, denn sie neigen dazu, in ihren Ansprachen die abscheulichsten Vergleiche und verschleierten Drohungen zu platzieren, die eigentlich nur ein Zeichen von Schwäche sind . Solche Botschafter verfehlen es nicht, die Abneigung des Hofes, bei dem sie akkreditiert sind, auf sich zu ziehen, und sie ähneln eher Waffenherolden als Botschaftern, deren Hauptziel stets darin besteht, eine gute Korrespondenz zwischen ihrem Herrn und den Fürsten, bei denen sie akkreditiert sind, aufrechtzuerhalten . In allen Fällen sollten sie die Macht ihres eigenen Souveräns als Mittel zur Aufrechterhaltung und Vergrößerung der Macht des fremden Gerichts darstellen, anstatt sie als abscheulichen Vergleich zur Demütigung und Verachtung zu verwenden. Diese und viele andere Unglücksfälle, die auf die Unfähigkeit und das törichte Verhalten vieler Bürger zurückzuführen sind, die von Fürsten mit der Erledigung öffentlicher Angelegenheiten im Ausland betraut wurden, veranlassten mich zu der Überzeugung, dass es keineswegs unverschämt ist, einige Bemerkungen zu machen über die Art und Weise, mit Herrschern und ihren Ministern zu verhandeln, über die erforderlichen Qualitäten für diejenigen, die den Beruf des Diplomatie übernehmen wollen, und über die Mittel, die weise Fürsten ergreifen werden, um eine gute Auswahl von Männern sicherzustellen, die sofort für den Beruf gut geeignet sind der Verhandlungen und in die verschiedenen Länder, in die sie versandt werden können. Aber bevor ich mich näher mit meinem Thema befasse, sollte ich vielleicht den Nutzen und die Notwendigkeit erläutern, dass Fürsten ständige Verhandlungen in Form ständiger Botschaften mit allen großen Staaten führen, sowohl in benachbarten als auch in weiter entfernten Ländern, die sich im Krieg befinden sowie in Frieden.

Der Nutzen von Verhandlungen.

Um den dauerhaften Einsatz der Diplomatie und die Notwendigkeit kontinuierlicher Verhandlungen zu verstehen, müssen wir uns die Staaten, aus denen Europa besteht, durch alle Arten notwendiger Handelsbeziehungen so vorstellen, dass sie als Mitglieder einer einzigen Republik betrachtet werden können und dass in keinem von ihnen eine wesentliche Veränderung stattfinden kann, ohne den Zustand aller anderen zu beeinträchtigen oder den Frieden zu stören. Der Fehler des kleinsten Souveräns kann in der Tat zu Zwietracht zwischen allen größten Mächten führen, denn es gibt keinen so großen Staat, der es nicht für nützlich hält, Beziehungen zu den kleineren Staaten zu unterhalten und unter deren verschiedenen Parteien Freunde zu suchen Selbst der kleinste Staat ist gefasst. In der Geschichte wimmelt es von den Folgen dieser Konflikte, die oft in kleinen Ereignissen ihren Anfang nehmen, die bei ihrer Entstehung leicht zu kontrollieren oder zu unterdrücken sind, die aber, wenn sie größer werden, zur Ursache langer und blutiger Kriege werden, die die Hauptstaaten der Christenheit verwüstet haben. Nun zwingen diese Aktionen und Reaktionen zwischen einem Staat und einem anderen den klugen Monarchen und seine Minister, in allen diesen Staaten einen kontinuierlichen Prozess der Diplomatie aufrechtzuerhalten, um die Ereignisse zu dokumentieren, während sie sich ereignen, und ihre wahre Bedeutung mit Sorgfalt und Genauigkeit zu deuten. Man kann sagen, dass Wissen dieser Art eines der wichtigsten und notwendigsten Merkmale einer guten Regierung ist, denn tatsächlich hängt der innere Frieden des Staates weitgehend von geeigneten Maßnahmen ab, die im Außendienst ergriffen werden, um Freunde unter wohlgesonnenen Staaten zu gewinnen Rechtzeitiges Handeln, um jenen zu widerstehen, die feindselige Absichten hegen. Es gibt in der Tat keinen so mächtigen Fürsten, dass er es sich leisten kann, die Unterstützung, die ein gutes Bündnis bietet, zu vernachlässigen, um den Kräften feindlicher Mächte zu widerstehen, die sich aus Eifersucht auf sein Eigentum zu einer feindlichen Koalition vereinen.

Der Diplomat: Ein Agent der hohen Politik.

Nun dient der aufgeklärte und eifrige Verhandlungsführer nicht nur dazu, alle Pläne und Intrigen aufzudecken, durch die in dem Land, in das er zu Verhandlungen geschickt wird, Koalitionen gegen seinen Prinzen entstehen könnten, sondern auch dazu, ihre Anfänge durch rechtzeitige Ratschläge zu zerstreuen. Es ist leicht, selbst die größten Unternehmen bei ihrer Entstehung zu zerstören; Und da sie oft mehrerer Federn bedürfen, um sie in Bewegung zu setzen, kann es kaum möglich sein, dass eine feindliche Intrige heranreift, ohne dass einem aufmerksamen Unterhändler, der an dem Ort lebt, an dem sie ausgeheckt wird, das Wissen davon zu Ohren kommt. Der fähige Verhandlungsführer wird wissen, wie er aus den verschiedenen Dispositionen und Veränderungen, die sich in dem Land ergeben, in dem er lebt, Nutzen ziehen kann, nicht nur, um Absichten zu vereiteln, die den Interessen seines Herrn feindlich gegenüberstehen, sondern auch, um einen positiven und fruchtbaren Zweck zu erreichen apt führt zu den anderen Designs, die zu seinem Vorteil funktionieren könnten. Durch seinen Fleiß und Fleiß kann er selbst Meinungsänderungen herbeiführen, die für das Amt, das er auszuüben hat, günstig sind ; in der Tat, wenn er es nur einmal in einem geeigneten Moment schafft, die Flut bei der Flut zu erwischen, kann er seinem Prinzen einen Vorteil verschaffen, der hundertmal größer ist als alle Ausgaben für Schätze oder persönliche Anstrengungen, die er aufgewendet hat. Wenn nun ein Monarch warten sollte, bevor er seine Gesandten in nahe und ferne Länder schickt, bis wichtige Ereignisse eintreten – zum Beispiel bis es darum geht, den Abschluss eines Vertrags zu verhindern, der einer feindlichen Macht einen Vorteil verschafft, oder eine Erklärung von Krieg gegen einen Verbündeten, der den Monarchen selbst der Unterstützung dieses Verbündeten für andere Zwecke berauben würde – man wird feststellen, dass die Unterhändler, die bei dringenden Gelegenheiten in der elften Stunde auf diese Weise entsandt werden, keine Zeit haben, das Gelände zu erkunden oder die Situation zu studieren Geistesgewohnheiten des ausländischen Gerichts oder um die notwendigen Verbindungen herzustellen oder den Lauf der bereits in vollem Gange befindlichen Ereignisse zu ändern, es sei denn, sie bringen enorme Summen mit sich, deren Auszahlung die Staatskasse ihres Herrn schwer belasten muss und die das Risiko eingehen , in Wahrheit, zu spät bezahlt zu werden.

Kardinal Richelieu.

Kardinal Richelieu, den ich mir als Vorbild für alle Staatsmänner vorgestellt habe, dem Frankreich sehr viel zu verdanken hat, pflegte in allen möglichen Ländern ein System ununterbrochener Diplomatie und verschaffte damit seinem Herrn zweifellos einen enormen Vorteil. Er bezeugt diese Wahrheit in seinem eigenen politischen Testament und spricht so:

„Die Staaten Europas genießen alle Vorteile kontinuierlicher Verhandlungen in dem Maße, in dem sie mit Umsicht geführt werden." Niemand kann glauben, wie groß diese Vorteile sind, der sie nicht selbst erlebt hat. Ich gestehe, dass mir diese Wahrheit erst nach fünf oder sechs Jahren Erfahrung in der Verwaltung hoher Angelegenheiten klar wurde, aber jetzt bin ich so fest davon überzeugt, dass ich kühn sagen möchte, dass der Dienst regelmäßig und ununterbrochen war Das System der Diplomatie, das sowohl öffentlich als auch im Geheimen in allen Ländern durchgeführt wird, auch dort, wo keine unmittelbaren Früchte geerntet werden können, ist eine der ersten Notwendigkeiten für die Gesundheit und das Wohlergehen des Staates. Ich kann mit Wahrheit sagen, dass ich zu meiner Zeit gesehen habe, wie sich die Lage in Frankreich und in der Christenheit völlig verändert hat, weil ich unter der Autorität Seiner Majestät in die Lage versetzt wurde, diesen Grundsatz zu praktizieren, der bis zu meiner Zeit von den Ministern völlig vernachlässigt worden war dieses Königreich.' Der Kardinal sagt weiter: „Das Licht der Natur lehrt jeden von uns, in seinem Privatleben Beziehungen zu seinen Nachbarn zu pflegen , denn so wie ihre Nähe es ihnen ermöglicht, Schaden zuzufügen, ermöglicht sie ihnen auch, uns zu dienen, genau wie die Umgebung einer Stadt." den Zugang dazu entweder behindern oder erleichtern." Und er fügt hinzu: „Die gemeineren Männer beschränken ihre Ansichten auf die Städte, in denen sie geboren wurden." Aber diejenigen, denen Gott ein größeres Licht gegeben hat, werden keine Mittel zur Verbesserung außer Acht lassen, egal ob sie von nah oder von fern kommen." Der Beweis dieses großen Genies erfordert umso größere Beachtung, als die hohen Verdienste, die er seinem König durch Verhandlungen erwies, überzeugend beweisen, dass er die Wahrheit spricht. Während seiner Amtszeit ereignete sich in Europa kein nennenswertes Ereignis, bei dem er nicht eine große Rolle spielte, und er war oft der Hauptakteur der großen Bewegungen seiner Zeit. Er war es, der 1640 die Revolution in Portugal plante, durch die der legitime Thronfolger wieder den Thron bestieg. Er profitierte von der Unzufriedenheit der Katalanen, die im selben Jahr zum Aufstand aufriefen. Er zögerte nicht, Verhandlungen auch mit den afrikanischen Mauren anzuregen. Zuvor brachte er seine Bemühungen im Norden zum Erfolg, indem er Gustav Adolf, König von Schweden, überredete, in Deutschland einzumarschieren und es so aus der Sklaverei des Hauses Österreich zu befreien, das dann despotisch regierte, seine Fürsten entthronte und über ihre Staaten und ihre Staaten verfügte Titel an seine eigenen Hofschergen. Gerüchten zufolge wird die Revolution in Böhmen sogar auf die Taten von Kardinal Richelieu zurückgeführt. Er gründete und unterhielt mehrere Ligen; er gewann für Frankreich viele große Verbündete, die zum Erfolg seiner hohen Pläne beitrugen, bei denen die Schwächung der ungeheuren Macht des Hauses Österreich stets im Vordergrund stand; und durch all diese Pläne können wir den ununterbrochenen Faden eines gut gepflegten Systems der Diplomatie verfolgen, das als gehorsamer und fähiger Agent des großen Ministers selbst fungierte, dessen profunde Fähigkeiten und sein großes Genie so ein günstiges Aktionsfeld fanden.

Wert der Diplomatie.

Es ist nicht notwendig, weit in die Vergangenheit zurückzublicken, um zu verstehen, was durch Verhandlungen erreicht werden kann. Wir sehen täglich um uns herum seine eindeutigen Auswirkungen in plötzlichen Umwälzungen, die diesem großen Staatsentwurf zugute kommen , oder in der Verwendung von Aufruhr, um den Hass zwischen Nationen zu schüren, indem er eifersüchtige Rivalen dazu bringt, sich gegeneinander zu bewaffnen, damit der *Tertius Gaudens* davon profitieren kann, in der Bildung von Bündnissen und anderen Verträgen verschiedener Art zwischen Monarchen, deren Interessen sonst kollidieren könnten, in der Auflösung der engsten Bündnisse zwischen Staaten durch listige Mittel: Mit einem Wort kann man sagen, dass die Kunst des Verhandelns, je nachdem, wie es geführt wird Ob gut oder böse, gibt großen Angelegenheiten Gestalt und kann eine Vielzahl kleinerer Ereignisse in einen nützlichen Einfluss auf den Verlauf größerer Ereignisse verwandeln. In der Tat können wir sehen, dass die auf diese Weise betriebene Diplomatie in vielerlei Hinsicht einen größeren Einfluss auf das Verhalten und die Schicksale der Menschheit hat als selbst in den Gesetzen, die sie selbst entworfen haben, und zwar aus dem Grund, dass, wie gewissenhafter Privatmann auch im Gehorsam gegenüber dem Gesetz sein mag, Zwischen Nationen kommt es leicht zu Missverständnissen und Zielkonflikten, die nicht durch ein Gerichtsverfahren, sondern nur durch eine Vereinbarung zwischen den streitenden Parteien gelöst werden können. Bei solchen Kongressen spielt die Diplomatie eine entscheidende Rolle.

Daraus lässt sich leicht schließen, dass eine kleine Anzahl gut ausgewählter Verhandlungsführer, die in den verschiedenen Staaten Europas stationiert sind, ihrem Souverän und seinem Staat die größten Dienste leisten kann; dass ein einziges Wort oder eine einzige Tat mehr bewirken kann als die Invasion ganzer Armeen, weil der geschickte Unterhändler weiß, wie er verschiedene Kräfte in dem Land, in dem er verhandelt, in Bewegung setzt und so seinem Herrn die enormen Kosten eines Feldzugs ersparen kann . Nichts kann nützlicher sein als eine so rechtzeitige Ablenkung zu Fuß.

Für alle Großfürsten ist es auch von großem Interesse, dass ihre Unterhändler einen solchen Charakter und ein solches Ansehen haben, dass sie in den Streitigkeiten zwischen anderen Herrschern angemessen als Vermittler fungieren und durch die Autorität ihres Eingreifens Frieden schaffen können. Nichts kann mehr zum Ruf, zur Macht und zum allgemeinen Respekt eines Monarchen beitragen, als von denen bedient zu werden, die selbst Respekt und Vertrauen einflößen. Ein mächtiger Fürst, der ein ständiges System der Diplomatie unterhält, das von klugen und erfahrenen Unterhändlern in den verschiedenen Staaten Europas bedient wird, und der so gut gewählte Freundschaften pflegt und nützliche Informationsquellen unterhält, ist in der Lage, das Schicksal benachbarter ausländischer Staaten zu beeinflussen , um den Frieden zwischen allen

Staaten aufrechtzuerhalten oder Krieg zu führen, wo es seinem Vorhaben förderlich ist. In all diesen Belangen hängen der Erfolg seiner Pläne und die Größe seines Namens in erster Linie vom Verhalten und den Qualitäten der Unterhändler ab, denen er seine Dienste anvertraut. Nun untersuchen wir im Detail die Eigenschaften, die ein guter Verhandlungsführer ausmachen muss.

Persönliche Eigenschaften des guten Verhandlungsführers.

Da Gott die Menschen mit vielfältigen Talenten ausgestattet hat, ist der beste Rat, den man geben kann, sich selbst zu beraten, bevor man sich für einen Beruf entscheidet. Wer also in den Beruf des Diplomaten einsteigen möchte, muss sich selbst prüfen, um herauszufinden, ob er mit den für den Erfolg notwendigen Qualitäten geboren wurde. Diese Eigenschaften sind ein aufmerksamer Geist, ein Geist der Tatkraft, der sich nicht von Freuden oder leichtfertigen Vergnügungen ablenken lässt, ein gesundes Urteilsvermögen, das die Dinge so beurteilt, wie sie sind, und die auf den kürzesten und natürlichsten Wegen von außen direkt zu ihrem Ziel gelangen Abschweifen in nutzlosen Feinheiten und Feinheiten, die in der Regel nur dazu führen, dass man diejenigen abstößt, mit denen man es zu tun hat. Der Verhandlungsführer muss darüber hinaus über jene Scharfsinnigkeit verfügen, die es ihm ermöglicht, die Gedanken der Menschen zu entdecken und anhand der kleinsten Bewegung ihres Gesichts zu erkennen, welche Leidenschaften sich in ihnen regen, denn solche Bewegungen werden oft selbst von den geübtesten Verhandlungsführern verraten . Er muss auch einen so gewandten Geist haben, dass er die Schwierigkeiten, auf die er bei der Erfüllung seiner Pflicht stößt, leicht beseitigen kann; Er muss Geistesgegenwart haben, um selbst auf unvorhergesehene Überraschungen eine schnelle und prägnante Antwort zu finden, und durch solch kluge Antworten muss er in der Lage sein, sich zu erholen, wenn sein Fuß ausgerutscht ist. Ein ausgeglichener Humor , eine ruhige und geduldige Natur, immer bereit, denen, die er trifft, aufmerksam zuzuhören; Eine stets offene, freundliche, höfliche, angenehme Ansprache mit lockeren und einschmeichelnden Manieren, die weitgehend dazu beiträgt, einen positiven Eindruck auf die Menschen um ihn herum zu hinterlassen – diese Dinge sind die unverzichtbaren Ergänzungen zum Beruf des Verhandlungsführers. Ihr Gegenteil, die ernste und kalte Luft, ein melancholisches oder raues Äußeres, kann einen ersten Eindruck hinterlassen, der nicht so leicht zu beseitigen ist. Vor allem muss der gute Verhandlungsführer genügend Kontrolle über sich selbst haben, um dem Verlangen zu widerstehen, zu sprechen, bevor er wirklich darüber nachgedacht hat, was er sagen soll. Er sollte nicht versuchen , den Ruf zu erlangen, auf jeden Vorschlag, der gemacht wird, sofort und unvorbereitet antworten zu können, und er sollte besonders darauf achten, nicht in den Fehler eines berühmten ausländischen Botschafters unserer Zeit zu verfallen, der ein Argument so liebte dass er jedes Mal, wenn er sich in einer Kontroverse aufwärmte, wichtige Geheimnisse preisgab, um seine Meinung zu untermauern.

Die Atmosphäre des Mysteriums.

Aber in der Tat gibt es noch einen weiteren Fehler, vor dem sich der Verhandlungsführer hüten muss: Er darf nicht dem Irrtum verfallen, anzunehmen, dass eine Atmosphäre des Mysteriums herrscht, in der Geheimnisse aus dem Nichts entstehen und in der die kleinste Bagatelle zu einer großen Staatssache erhoben wird , ist alles andere als ein Zeichen von Kleingeistigkeit und zeugt von der Unfähigkeit, den Menschen oder die Dinge richtig einzuschätzen. Denn je mehr sich der Verhandlungsführer ins Geheimnisvolle kleidet, desto weniger Mittel wird er haben, herauszufinden, was vor sich geht, und umso weniger das Vertrauen derjenigen zu gewinnen, mit denen er zu tun hat. Eine ständige Reserve ist wie das Schloss an einer Tür, das niemals geöffnet wird und so verrostet, dass es am Ende niemand mehr öffnen kann. Der fähige Verhandlungsführer wird natürlich nicht zulassen, dass ihm sein Geheimnis entzogen wird, außer zu seinem eigenen Zeitpunkt, und er sollte in der Lage sein, vor seinem Konkurrenten die Tatsache zu verbergen, dass er irgendein Geheimnis preiszugeben hat; aber in allen anderen Angelegenheiten muss er bedenken, dass offener Umgang die Grundlage des Vertrauens ist und dass alles, was er nicht aufgrund seiner Pflicht zurückhalten muss, frei mit seinen Mitmenschen geteilt werden sollte. Auf diese Weise wird er nach und nach Vertrauensbeziehungen zu seinen Nachbarn aufbauen, aus denen er enormen Nutzen ziehen kann, da es nicht selten vorkommt, dass der Verhandlungsführer als Gegenleistung für eine triviale Information, die er selbst gegeben hat, sozusagen durch Zufall wichtige Nachrichten erhält von seinem Kollegen in einer anderen Botschaft. Der geübte Verhandlungsführer wird wissen, wie er die Umstände seines Lebens und des Lebens seiner Mitmenschen so nutzen kann, dass er sie natürlich und ohne Hemmungen dazu bringt, über die Bedingungen und Angelegenheiten ihres eigenen Landes und umso weiter zu sprechen Je umfassender sein Wissen ist, desto sicherer wird er auf diese Weise jeden Tag seines Lebens wichtige Neuigkeiten erfahren.

Würde.

Man darf jedoch nicht annehmen, dass ein guter Verhandlungsführer nur das Licht eines hohen Intellekts, Geschicklichkeit und anderer feiner Geistesqualitäten benötigt. Er muss zeigen, dass die gewöhnlichen Gefühle des menschlichen Herzens in ihm kreisen, denn es gibt keine Art von Beschäftigung, bei der gleichzeitig Erhabenheit und Edelmut des Geistes und eine freundliche Höflichkeit in kleinen Dingen notwendiger sind. Ein Botschafter ähnelt tatsächlich in gewissem Sinne dem Schauspieler, der vor die Augen der Öffentlichkeit gestellt wird, damit er eine große Rolle spielen kann, denn sein Beruf erhebt ihn über den gewöhnlichen Zustand der Menschheit und macht ihn in gewisser Weise den Meistern gleichwertig der Erde durch das Vertretungsrecht, das mit seinem Dienst verbunden ist, und durch die besonderen Beziehungen, die ihm sein Amt zu den Mächtigen der Erde verschafft. Er muss daher in der Lage sein, eine Würde vorzutäuschen, auch wenn er sie nicht besitzt ; aber diese Verpflichtung ist der Fels, an dem so mancher kluger Unterhändler zugrunde gegangen ist, weil er nicht wusste, worin Würde besteht. Keine Verhandlung wurde jemals durch offene oder verschleierte Drohungen unterstützt, nur um ihrer selbst willen, und Verhandlungsführer verwechseln allzu oft ein stolzes und arrogantes Auftreten mit der sorgfältigen Würde, die ihr Amt auszeichnen sollte. Ansprüche geltend zu machen oder übermäßige Privilegien zu fordern, ist lediglich ein Zeichen von Stolz und dem Wunsch, aus der privilegierten Position eines Botschafters einen persönlichen und unwürdigen Vorteil zu ziehen, durch den ein ehrgeiziger Unterhändler leicht und völlig die gesamte Autorität eines Botschafters gefährden kann sein Meister. Kein Mann, der sich aus Geiz oder mit dem Wunsch, andere Interessen als die seines Dienstes zu verfolgen, oder nur mit dem Wunsch, sich den Applaus der Menge zu verdienen oder die Wertschätzung und Belohnung seines Herrn zu erlangen, in die Diplomatie begibt, wird es jemals schaffen Verhandlungserfolg. Und selbst wenn in seinen Händen eine wichtige Aufgabe gut erfüllt werden kann, ist dies nur auf einen glücklichen Zufall zurückzuführen, der alle Schwierigkeiten beseitigt hat.

Einfluss von Frauen.

Um die Würde der Diplomatie zu wahren, muss sich der Verhandlungsführer in Liberalität und Großzügigkeit des Herzens kleiden, ja sogar in Pracht, aber alles mit Sorgfalt und einem sparsamen Design, damit die Insignien seines Amtes nicht durch seine Zurschaustellung seine hervorragenden Verdienste in den Schatten stellen Charakter und Person. Lassen Sie saubere Wäsche, Termine und Delikatesse an seinem Tisch herrschen. Er soll häufig Bankette und Unterhaltungsveranstaltungen zu Ehren der Hauptpersonen des Hofes, an dem er lebt, veranstalten, und sogar zu Ehren des Fürsten selbst, wenn er daran teilnehmen möchte. Lassen Sie ihn auch auf die gleichen Abwechslungen eingehen, die andere bieten, aber immer auf eine leichte, ungezwungene und angenehme Art und Weise und immer mit einer offenen, gutmütigen, unkomplizierten Art und mit dem ständigen Wunsch, anderen Freude zu bereiten . Wenn die Sitte des Landes, in dem er dient, freie Unterhaltung mit den Hofdamen zulässt, darf er auf keinen Fall jede Gelegenheit versäumen, sich und seinen Herrn in den Augen dieser Damen in ein günstiges Licht zu rücken, denn das ist gut so Es ist bekannt, dass die Macht des weiblichen Charmes oft auch die schwerwiegendsten Staatsbeschlüsse umfasst. Die größten Ereignisse folgten manchmal dem

Zuwerfen eines Fans oder dem Kopfnicken. Aber lass ihn auf der Hut sein! Möge er alles tun, was in seiner Macht steht, durch die Großartigkeit seiner Zurschaustellung, durch den Glanz, die Anziehungskraft und die Tapferkeit seiner Person, um ihr Vergnügen zu wecken, aber er solle sich davor hüten, sein eigenes Herz zu engagieren. Er darf nie vergessen, dass die Gefährten der Liebe Indiskretion und Unvorsichtigkeit sind, und dass er in dem Moment, in dem er sich den Launen einer bevorzugten Frau hingibt , – egal wie weise er auch sein mag – das große Risiko eingeht, nicht mehr Herr seiner eigenen Geheimnisse zu sein. Wir haben oft erlebt, dass aus dieser Art von Schwäche schreckliche Folgen resultieren, in die selbst die größten Minister leicht verfallen können, und für bemerkenswerte Beispiele und Warnungen brauchen wir nicht über unsere eigene Zeit hinauszugehen.

Macht des Geldbeutels.

Da nun der sicherste Weg, das Wohlwollen eines Fürsten zu erlangen, darin besteht, die Gunst derer zu gewinnen, die den größten Einfluss auf seinen Geist haben, muss ein guter Verhandlungsführer seine eigenen guten Manieren, seine Charakterkenntnis und seine Anziehungskraft stärken durch bestimmte Ausgaben, die weitgehend dazu beitragen werden, seinen Weg vor ihm zu ebnen. Diese Ausgaben müssen jedoch im richtigen Maß ausgewiesen werden. Sie müssen nach sorgfältiger Planung hergestellt werden; Und wo große Geschenke angeboten werden, muss der Schenkende vorher darauf achten, dass sie im richtigen Sinne angenommen und vor allem nicht abgelehnt werden. Damit meine ich nicht, dass es keine Länder gibt, in denen beim Schenken keine große Kunst nötig ist. In einem solchen Land sind sie keine Geschenke mehr, sondern Bestechungsgelder; Aber es muss immer daran erinnert werden, dass bei allen Geschäften dieser Art eine gewisse Feinfühligkeit zu beachten ist und dass ein Geschenk, das im richtigen Geist, im richtigen Moment und von der richtigen Person präsentiert wird, mit zehnfacher Kraft auf ihn wirken kann wer es erhält. In verschiedenen Ländern gibt es unterschiedliche etablierte Bräuche, die Anlass zum Anfertigen kleiner Geschenke geben. Diese Art von Ausgaben verursacht zwar nur einen geringen Geldaufwand, kann aber erheblich zur Wertschätzung eines Botschafters beitragen und ihm Freunde an dem Hof verschaffen, bei dem er akkreditiert ist. Und tatsächlich kann die Art und Weise, wie dieser kleine Brauch durchgeführt wird, einen wichtigen Einfluss auf die hohe Politik haben. Und natürlich wird der geübte Verhandlungsführer in einer solchen Angelegenheit bald erkennen, dass es an jedem Gericht bestimmte Personen mit mehr Verstand als Vermögen gibt, die eine kleine Befriedigung oder geheime Subvention, die zu großen Ergebnissen führen kann, nicht für ihren Verstand ablehnen werden Diese Personen ermöglichen es ihnen, eine vertrauliche Position am Hofe zu wahren, ohne den persönlichen Glanz , den der reiche Adlige zur Schau stellen kann. Ich sage, dass solche Personen für den klugen Verhandlungsführer von großem Nutzen sein können. Bei den Vergnügungen zum Beispiel erweisen sich die Tänzer, die aufgrund ihres Berufes einen weniger formellen *Auftritt haben* und in gewissem Maße vertrauter mit dem Prinzen sind, als irgendein Botschafter vielleicht haben kann, oft als wertvolle Verhandlungspartner. Oder es kommt vor, dass ein Monarch bestimmte niederrangige Beamte um sich hat, die mit Aufgaben betraut sind, die ihn in engen Kontakt sowohl mit seinem Herrn als auch mit dem Geist seines Ministers bringen, und ein rechtzeitig gegebenes Geschenk kann wichtige Geheimnisse enthüllen. Und schließlich sind selbst große Staatsminister möglicherweise nicht auf die gleiche Weise unzugänglich.

Geheimdienst.

Bei Verhandlungen wie im Krieg kommt es häufig vor, dass gut ausgewählte Spione mehr als jede andere Agentur zum Erfolg großer Pläne beitragen, und tatsächlich ist es klar, dass nichts so gut geeignet ist, den besten Plan zu durchkreuzen, wie die plötzliche und vorzeitige Enthüllung von ein wichtiges Geheimnis, von dem es abhängt. Und da es keine Ausgaben gibt, die besser geplant und notwendiger sind als die, die für einen Geheimdienst vorgesehen sind, wäre es für einen Staatsminister unentschuldbar, sie zu vernachlässigen. Der General wird mit der Wahrheit sagen, dass er eher ein Regiment mit weniger als ein schlecht ausgerüstetes Spionagesystem haben würde und dass er vielleicht sogar auf Verstärkungen verzichten würde, wenn er über die Aufstellung und Anzahl der feindlichen Armeen genau informiert wäre. Ebenso sollte ein Botschafter auf alle überflüssigen Ausgaben verzichten, damit ihm die Mittel zur Verfügung stehen, um einen Geheimdienst zu unterhalten, der ihn über alles informiert, was in dem fremden Land, in dem er tätig ist, geschieht. Doch trotz der allgemein anerkannten Wahrheit dessen, was ich sage, geben die meisten Verhandlungsführer eher große Summen für eine große Show von Pferden und Kutschen, für Reihen nutzloser Lakaien aus, als für die Bezahlung einiger weniger gut ausgewählter Agenten, die sie versorgen könnten mit Neuigkeiten. In dieser Angelegenheit sollten wir eine Lektion von den Spaniern lernen, die ihre Geheimagenten niemals vernachlässigen – eine Tatsache, die meiner Meinung nach maßgeblich zum Erfolg ihrer Minister in vielen wichtigen Verhandlungen beigetragen hat. Es ist zweifellos der Erfolg spanischer Agenten, der zur Einführung der klugen Sitte des spanischen Hofes geführt hat, spanischen Botschaftern einen außergewöhnlichen Fonds namens *Gastos Secretos zur Verfügung zu stellen* .

Der ehrenwerte Spion.

Der Botschafter wurde manchmal als ehrenhafter Spion bezeichnet, weil eine seiner Hauptbeschäftigungen darin besteht, große Geheimnisse aufzudecken; und er kommt seiner Pflicht nicht nach, wenn er nicht weiß, wie er die dafür notwendigen Beträge aufbringen soll. Daher sollte ein Botschafter ein Mann sein, der mit einer liberalen Hand geboren wurde und bereit ist, bereitwillig große Ausgaben dieser Art auf sich zu nehmen; und er muss sogar bereit sein, dies auf eigene Kosten zu tun, wenn die Bezüge seines Herrn nicht ausreichen. Denn da sein Hauptziel der Erfolg sein muss, sollte dieses Interesse an jedem Mann, der sich wirklich seinem Beruf widmet und in der Lage ist, darin erfolgreich zu sein, alle anderen in den Schatten stellen. Aber andererseits wird der kluge Fürst die Ausrüstung seiner Unterhändler mit allen möglichen Mitteln nicht vernachlässigen, um in allen Ländern, in denen seine Interessen auf dem Spiel stehen, Freunde und Geheimagenten zu gewinnen, denn diese wohlüberlegten Ausgaben bringen einen hohen Gewinn mit sich Wucher für den Fürsten, der sie herstellt, und tun Sie viel, um die Schwierigkeiten zu beseitigen, die seinen Plänen im Weg stehen. Und er wird bald erkennen, dass seine Minister in ihren Verhandlungen tatsächlich nur geringe Fortschritte erzielen können, wenn er dieses Mittel nicht nutzt. Er wird keine neuen Verbündeten gewinnen, aber das Risiko eingehen, alte zu verlieren.

Mut.

Mut ist eine der wichtigsten Eigenschaften eines Verhandlungsführers. Denn obwohl ihm das Völkerrecht ausreichend Sicherheit geben sollte, gibt es viele Gelegenheiten, in denen er sich in Gefahr befindet und sich auf seinen eigenen Mut und seine Ressourcen verlassen muss, um einer gefährlichen Situation zu entkommen, ohne die Verhandlungen zu gefährden er ist verlobt. Daher kann kein schüchterner Mensch darauf hoffen, geheime Pläne zum Erfolg zu führen: Unvorhergesehene Zufälle werden seinen Glauben erschüttern, und in einem Moment der Angst kann er allzu leicht seine Geheimnisse preisgeben, selbst durch den flüchtigen Gesichtsausdruck und die Art seiner Rede. Und tatsächlich kann eine zu große Sorge um seine persönliche Sicherheit dazu führen, dass er Maßnahmen ergreift, die seinen Pflichten sehr abträglich sind. Und wenn die Ehre seines Herrn angegriffen wird, kann seine Schüchternheit ihn daran hindern, die Würde seines Amtes und das Ansehen seines Königs mit der nötigen Kraft aufrechtzuerhalten. Ein Prälat, der als Botschafter von König Franz I. in Rom tätig war, brachte Schande über seinen Herrn, weil er es versäumte, ihn im Konsistorium zu verteidigen, wo Kaiser Karl V. versuchte, dem französischen König die gesamte Verantwortung für den Fortbestand aufzubürden den Krieg und prahlte fälschlicherweise damit, dass er angeboten hatte, ihn durch einen Zweikampf mit François selbst zu beenden, und dass der französische König dies abgelehnt hatte. Der König war so wütend, dass er den Kaiser öffentlich Lügen strafte und der Welt seinen Unmut über seinen eigenen Botschafter kundtat, der die Würde Frankreichs nicht wahrte. François fasste sofort den Entschluss, niemals einen Mann als französischen Botschafter einzustellen, der kein geübter Schwertkämpfer war, und hoffte so, die Ehre seines Hauses zu wahren.

Festigkeit im Streit.

Ein guter Verhandlungsführer muss nicht nur in Gefahren mutig sein, sondern auch standhaft in der Debatte sein. Es gibt viele Männer, die von Natur aus mutig sind, aber im Streit keine Meinung aufrechterhalten können. Erforderlich ist die Art von Entschlossenheit, die nach sorgfältiger und umfassender Prüfung der Angelegenheit keinem Kompromiss zustimmt, sondern einen einmal angenommenen Beschluss konsequent bis zu seiner Umsetzung verfolgt. Kompromisse sind die leichte Zuflucht des unentschlossenen Geistes. Der Mangel an Festigkeit, von dem ich hier spreche, ist ein häufiger Fehler derjenigen, die eine lebhafte Vorstellungskraft für alle Arten von Unfällen haben, die passieren können, und hindert sie daran, energisch und geschickt zu entscheiden, mit welchen Mitteln gehandelt werden sollte . Sie werden eine Angelegenheit von so vielen Seiten betrachten, dass sie vergessen, in welche Richtung sie reisen. Diese Unentschlossenheit wirkt sich äußerst nachteilig auf die Führung großer Angelegenheiten aus, die einen entschlossenen Geist erfordern, der auf einer sorgfältigen Abwägung von Vor- und Nachteilen beruht und das Hauptziel ohne Nachlassen verfolgt. Es wird gesagt, dass Kardinal Richelieu, der vielleicht umfassendere Ansichten vertrat als jeder andere Mann seiner Zeit, etwas unentschlossen war, als er zum Handeln kam, und dass Pater Joseph, der Kapuziner, eine viel engere Intelligenz als der Kardinal, für ihn von größtem Wert war weil er, sobald eine Entscheidung getroffen war, sie beharrlich verfolgte und dem Kardinal oft dabei half, Kompromissentwürfe zurückzuweisen, mit denen schlaue Personen hofften, den ursprünglichen Plan zu zerstören.

Genie ist kein Ersatz für gute Manieren.

Es gibt einige Genies, die mit einem solch erhabenen Charakter und einer solchen Überlegenheit des Geistes geboren wurden, dass sie eine natürliche Überlegenheit über alle haben, denen sie begegnen. Aber ein Verhandlungsführer dieser Art muss darauf achten, sich nicht zu sehr auf sein eigenes Urteilsvermögen zu verlassen, um seine Überlegenheit gegenüber anderen Menschen zum Ausdruck zu bringen, denn das könnte ihm den Ruf der Arroganz und Härte einbringen; Und allein aufgrund seiner Erhebung über die Ebene der gewöhnlichen Menschlichkeit können ihm die Ereignisse entgehen und er kann von seinem eigenen Selbstvertrauen getäuscht werden. Manchmal muss er zustimmen, kleinere Männer auf ihrem eigenen Boden zu treffen.

Wert des guten Glaubens.

Darüber hinaus wird der gute Verhandlungsführer den Erfolg seiner Mission niemals auf Versprechen basieren, die er nicht einlösen kann, oder auf Bösgläubigkeit. Es ist ein gravierender Irrtum, der weit verbreitet ist, dass ein kluger Verhandlungsführer ein Meister der Täuschungskunst sein muss. Täuschung ist in der Tat nur ein Maß für die Kleingeistigkeit desjenigen, der sie anwendet, und zeigt lediglich, dass seine Intelligenz zu dürftig ausgestattet ist, als dass er seine Ziele mit gerechten und vernünftigen Methoden erreichen könnte. Zweifellos wurde die Kunst des Lügens in der Diplomatie mit Erfolg praktiziert ; aber anders als die Ehrlichkeit, die hier wie anderswo die beste Politik ist, hinterlässt eine Lüge immer einen Tropfen Gift, und selbst der glänzendste diplomatische Erfolg, der durch Unehrlichkeit erzielt wird, steht auf einem unsicheren Fundament, denn er erweckt in der besiegten Partei ein Gefühl der Verärgerung , ein Verlangen nach Rache und ein Hass, der für seinen Feind immer eine Bedrohung sein muss. Auch wenn Täuschung nicht für jeden vernünftigen Menschen so verabscheuungswürdig wäre, wie sie jetzt ist, wird der Verhandlungsführer vielleicht bedenken, dass er sein ganzes Leben lang mit diplomatischen Angelegenheiten beschäftigt sein wird und dass es daher in seinem Interesse liegt, sich einen guten Ruf zu verschaffen und faires Handeln, damit die Menschen wissen, dass sie sich auf ihn verlassen können; denn eine Verhandlung, die durch die Ehrlichkeit und hohe Intelligenz eines Diplomaten erfolgreich durchgeführt wird, wird ihm einen großen Vorteil bei anderen Unternehmungen verschaffen, die er in Zukunft in Angriff nimmt. In jedem Land, in das er geht, wird er mit Achtung und Freude empfangen, und die Menschen werden von ihm und seinem Herrn sagen, dass ihre Sache zu gut ist, als dass man ihnen mit bösen Mitteln dienen könnte. Denn wenn der Unterhändler verpflichtet ist, alle von ihm gemachten Versprechen treu zu halten, wird man sofort erkennen, dass man sich sowohl auf ihn selbst als auch auf den Fürsten, dem er dient, verlassen kann.

Gefahren der Täuschung.

Dies ist sicherlich eine wohlbekannte Wahrheit und eine so unverzichtbare Pflicht, dass es überflüssig erscheinen würde, sie zu empfehlen. Gleichzeitig sind viele Verhandlungsführer durch umgekehrte Gebräuche so korrumpiert worden, dass sie den Nutzen der Wahrheit vergessen haben — worauf ich nur eine Bemerkung machen möchte, nämlich, dass der Prinz oder Minister, der von seinem eigenen Unterhändler getäuscht wurde, wahrscheinlich damit begonnen hat diesem Verhandlungsführer die Lektion der Täuschung beibringen; oder wenn er es nicht tut, leidet er, weil er sich für einen schlechten Diener entschieden hat. Es reicht nicht aus, einen klugen und gut ausgebildeten Mann für die Wahrnehmung hoher politischer Aufgaben auszuwählen. Der Bevollmächtigte in solchen Angelegenheiten muss ein redlicher Mann sein, der die Wahrheit liebt, sonst kann man ihm kein

Vertrauen schenken. Es ist wahr, dass diese Redlichkeit nicht oft mit der für einen Diplomaten so notwendigen Fähigkeit, weitreichende Ansichten zu vertreten, verbunden ist, und auch nicht immer findet man sie bei einem Mann, der über alle notwendigen Kenntnisse verfügt, deren Ausrüstung wir bereits beschrieben haben ein guter Verhandlungspartner. Ich erinnere mich vielleicht daran, dass ein Fürst oft gezwungen ist, verschiedene Instrumente einzusetzen, um seine Ziele zu erreichen, und dass es Männer von geringer Tugend gegeben hat, die sich als große Verhandlungsführer erwiesen haben und in deren Händen hohe Staatsangelegenheiten gediehen sind, und dass es Männer von geringer Tugend gegeben hat Dieser Typ, der keine Skrupel hat, hat in heiklen Verhandlungen häufiger Erfolg gehabt als die richtigen Männer, die nur ehrliche Mittel eingesetzt haben.

Monsieur de Faber tadelt Kardinal Mazarin.

Es sei jedoch darauf hingewiesen, dass der Fürst, der seine Verhandlungen solchen Diplomaten anvertraut, nur dann auf deren gute Dienste zählen kann, wenn es ihm selbst gut geht. In schwierigen Zeiten oder in Momenten, in denen er in Ungnade gefallen zu sein scheint, werden diese Meisterschurken die ersten sein, die ihn verraten und sich auf die Seite der Starken stellen. Hier finden wir dann die letzte Empfehlung für die Notwendigkeit, ehrliche Männer zu beschäftigen. Ich erinnere mich an die schöne Antwort von Monsieur de Faber, dem Marschall von Frankreich, an Kardinal Mazarin, als dieser große Minister einen betuchten Mann, der namenlos bleiben soll, in seine eigene Partei holen wollte. Er übertrug diese heikle Aufgabe Monsieur de Faber und forderte ihn auf, große Versprechungen zu machen, von denen er jedoch zugab, dass er nicht in der Lage war, sie einzulösen. Monsieur de Faber lehnte den Auftrag mit den Worten ab: „Monseigneur, Sie werden viele Männer finden, die bereit sind, falsche Botschaften zu verbreiten; Aber Sie brauchen ehrliche Männer, die die Wahrheit sagen. Ich bitte Sie, mich für den letztgenannten Dienst zu behalten.'

Lockere Lebern sind schlechte Verhandlungsführer.

Schließlich ist es äußerst gefährlich, eine wichtige Verhandlung einem Mann mit unregelmäßigem Leben anzuvertrauen, dessen häusliche und persönliche Gewohnheiten ungeordnet sind. Wie kann man von einem solchen Mann ein höheres Maß an Ordnung und Anstand in öffentlichen Angelegenheiten erwarten als das, was er in seinen eigenen privaten Angelegenheiten an den Tag legt, die in der Tat der ständige Maßstab seiner Fähigkeiten sein sollten? Wenn er den Spieltisch, das Weinglas und leichtfertige Vergnügungen zu sehr liebt, sollte man ihm nicht die Erfüllung hoher diplomatischer Pflichten anvertrauen, denn er wird so unzuverlässig sein, dass er in Momenten, in denen er die Befriedigung sucht, dies nicht tut Aufgrund seiner schlecht regulierten Wünsche wird er bereit sein, die höchsten Geheimnisse seines Herrn zu verkaufen.

Der kühle Kopf.

Ein Mann, der von Natur aus gewalttätig ist und sich leicht hinreißen lässt, ist für die Führung von Verhandlungen schlecht geeignet; Es ist für ihn fast unmöglich, in kritischen Momenten und bei unvorhergesehenen Gelegenheiten, in denen die Beherrschung seines Temperaments wichtig ist, die Kontrolle über sich selbst zu behalten, insbesondere in den akuten Momenten diplomatischer Kontroversen, in denen ein cholerisches Wort den Geist derjenigen vergiften kann, mit denen verhandelt wird im Gange. Es ist auch für jeden Mann, der leicht gereizt ist, schwierig, Herr seines eigenen Geheimnisses zu bleiben; denn wenn sein Zorn geweckt ist, wird er zulassen, dass ihm Worte entgehen, aus denen ein geschickter Zuhörer leicht die Essenz seines Gedankens erraten kann, und die so zum Scheitern seiner Pläne führen.

Vor seiner Erhebung zum Kardinal wurde Kardinal Mazarin auf eine wichtige Mission zum Herzog von Feria, dem Gouverneur von Mailand, geschickt. Er wurde beauftragt, die wahren Gefühle des Herzogs in einer bestimmten Angelegenheit herauszufinden, und er besaß die Gerissenheit, den Zorn des Herzogs zu entfachen und so herauszufinden, was er nie erfahren hätte, wenn der Herzog selbst seine Gefühle klug im Griff gehabt hätte. Der Kardinal hatte sich in der Tat zum absoluten Meister aller äußeren Wirkungen gemacht, die die Leidenschaft normalerweise hervorruft, und zwar so sehr, dass weder in seiner Rede noch in der geringsten Veränderung seines Gesichtsausdrucks seine wahren Gedanken zu erkennen waren; und diese Qualität, die er in so hohem Maße besaß, trug wesentlich dazu bei, ihn zu einem der größten Unterhändler seiner Zeit zu machen.

Spanische und italienische Charaktere.

Ein Mann, der Herr über sich selbst ist und stets *gelassen agiert* , hat einen großen Vorteil gegenüber einem lebhaften und leicht entflammbaren Charakter. Man kann tatsächlich sagen, dass sie nicht mit gleichen Waffen kämpfen; denn um bei dieser Art von Arbeit erfolgreich zu sein, muss man lieber zuhören als sprechen; und das phlegmatische Temperament, die Selbstbeherrschung, eine tadellose Diskretion und eine Geduld, die keine Prüfung brechen kann – das sind die Diener des Erfolgs. Tatsächlich ist die letzte dieser Eigenschaften, nämlich Geduld, einer der Vorteile, die die spanische Nation gegenüber unserer eigenen hat; denn wir sind von Natur aus lebhaft und kaum haben wir uns auf eine Angelegenheit eingelassen, wünschen wir uns schon das Ende, um uns auf eine andere einzulassen, und verraten so eine Unruhe, die ständig nach neuen Zielen sucht. Wohingegen bemerkt wurde, dass ein spanischer Diplomat nie in Eile handelt, dass er nie daran denkt, eine Verhandlung einfach aus *Langeweile* zu Ende zu bringen , sondern sie mit Vorteil abzuschließen und von allen günstigen Konjunkturen zu profitieren, die sich bieten, darunter auch unsere Ungeduld ist sein Vorteil. Italien hat auch eine große Anzahl hervorragender Verhandlungsführer hervorgebracht, die viel zum hohen Ansehen und der weltlichen Macht des römischen Hofes beigetragen haben, bis zu dem Punkt, an dem wir sie jetzt sehen. Und wir selbst verfügen über die gleiche Überlegenheit in der Verhandlungskunst gegenüber anderen nördlichen Nationen wie die Spanier und Italiener über uns, woraus sich schließen lässt, dass der Grad der Intelligenz in Europa mit dem Grad der Wärme seiner unterschiedlichen Klimazonen variiert. Aus alledem folgt nun, dass ein Mann, der von Natur aus seltsam und unbeständig ist und von seinen eigenen Launen und Leidenschaften beherrscht wird, nicht in den Beruf des Diplomatie einsteigen, sondern in den Krieg ziehen sollte. Denn da der Krieg viele seiner Kriegsteilnehmer vernichtet, ist sie bei der Wahl ihrer Untertanen nicht so vorsichtig; Sie ähnelt jenen guten Mägen, die jede Art von Nahrung, die man ihnen gibt, mit gleicher Leichtigkeit verdauen und assimilieren können – nicht, weil ein Mann nicht unbedingt hohe und ausgezeichnete Eigenschaften haben muss, bevor er ein guter Feldherr werden kann, sondern weil es so viele Grade davon gibt Fähigkeit in der Armee, dass derjenige, der nicht über genügend Intelligenz verfügt, um an die Spitze zu gelangen, auf halbem Weg bleibt und ein guter Subaltern oder anderer Offizier werden kann, dessen Dienst in seinem eigenen Bereich nützlich ist. Aber bei einem Verhandlungsführer ist es nicht dasselbe – wenn er seiner Funktion nicht gewachsen ist , ruiniert er oft alles, was ihm unterstellt ist, und befleckt den guten Namen seines Herrn mit irreparablen Vorurteilen.

Anpassungsfähigkeit.

Der Verhandlungsführer muss nicht nur frei von eigensinnigen Launen und Fantasien sein, sondern er muss auch wissen, wie man Narren gerne erduldet und wie er sich an die wechselnden Launen anderer anpasst. Er muss tatsächlich wie Proteus in der Fabel sein und immer bereit sein, je nach Anlass und Bedarf eine andere Figur und Haltung einzunehmen. Möge er fröhlich und sympathisch sein mit den jungen Prinzen, die noch in vollem Genuss der täglichen Vergnügungen sind. Er sei weise und voller Ratschlag gegenüber denen, die in ernsteren Jahren sind, und möge in allem seine ganze Aufmerksamkeit und Fürsorge, all sein Eifer und sogar seine Freuden und Zerstreuungen auf das eine einzige Ziel gerichtet sein, das darin besteht, das Große zum Erfolg zu führen Geschäft in seiner Verantwortung. Daher wird es nicht immer ausreichen, dass er den genauen Buchstaben seiner Anweisung ausführt; Sein Eifer und seine Intelligenz sollten sich vereinen, um aus allen günstigen Umständen, die sich ihm bieten, Nutzen zu ziehen, und er sollte sogar in der Lage sein, solche günstigen Momente zu schaffen, durch die der Vorteil seines Prinzen genutzt werden kann. Es gibt sogar dringende und wichtige Gelegenheiten, bei denen er gezwungen ist, auf der Stelle eine Entscheidung zu treffen und bestimmte *Schritte zu unternehmen,* ohne auf die Befehle seines Herrn zu warten, die nicht rechtzeitig eintreffen konnten. Aber dann muss er über ausreichende Scharfsinnigkeit verfügen, um alle Ergebnisse seines eigenen Handelns vorherzusehen, und es wäre auch gut, wenn er zuvor von seinem eigenen Fürsten das Maß an Vertrauen erworben hätte, das gewöhnlich auf der nachgewiesenen Fähigkeit guter Dienste beruht. So kann er sich in Momenten plötzlicher Entscheidungen vergewissern, dass er das Vertrauen seines Prinzen behält und dass seine bisherigen Erfolge für sein gegenwärtiges Handeln sprechen werden . Ohne solche Bedingungen wäre er in der Tat ein mutiger Verhandlungsführer, der im Namen seines Herrn ohne ausdrückliche Anweisung seines Herrn Verpflichtungen einginge. Aber in einem dringenden Fall kann er davon ausgehen, dass die Sache irgendwann zum Vorteil seines Fürsten abgeschlossen wird, oder er kann zumindest verhindern, dass sich die Angelegenheit zu seinem Nachteil wendet, bis er von ihm Befehle erhalten hat.

Reichtum, Geburt und Zucht.

Es ist gut, dass ein Verhandlungsführer, und insbesondere jemand, der den Titel eines Botschafters trägt, mit all diesen Eigenschaften reich sein sollte, um die notwendigen Ausgaben seines Amtes bestreiten zu können; aber ein weiser Fürst wird nicht in den Fehler verfallen, der vielen Fürsten gemeinsam ist, nämlich darin, Reichtum als die erste und notwendigste Eigenschaft eines Botschafters anzusehen. In der Tat wird er seinen eigenen Interessen viel besser dienen, wenn er einen fähigen Unterhändler mit mittelmäßigem Vermögen wählt, als einen, der mit allen Reichtümern Indiens ausgestattet ist, aber über eine geringe Intelligenz verfügt, denn es ist offensichtlich, dass der reiche Mann den wahren Nutzen von Reichtümern möglicherweise nicht kennt. wohingegen der fähige Mann sicherlich wissen wird, wie er seine eigenen Fähigkeiten einsetzen kann. Und der Fürst sollte weiterhin bedenken, dass es in seiner Macht steht, den fähigen Mann mit allen notwendigen Mitteln auszustatten, dass es aber nicht in seiner Macht steht, jemanden mit Intelligenz auszustatten, der diese nicht besitzt.

Es ist auch wünschenswert, dass ein Botschafter ein Mann von Geburt und Erziehung ist, insbesondere wenn er an einem der wichtigsten Höfe Europas angestellt ist, und es ist keineswegs ein zu vernachlässigender Faktor, dass er eine edle Erscheinung und ein hübsches Gesicht hat , die zweifellos zu den Mitteln gehören, die der Menschheit leicht gefallen. Eine böse aussehende Person wird, wie General Philopoemen sagte, viele Beleidigungen einstecken und viel Ärger erleiden, wie der Mann, der gezwungen wurde, Holz zu hauen und Wasser zu schöpfen, weil er wie ein Sklave aussah. Es gibt natürlich Missionen, die zu besonderen Anlässen entsandt werden, bei denen nichts außer einem großen Namen und dem Prestige einer hohen Geburt erforderlich ist – wie zum Beispiel bei feierlichen Anlässen einer Hochzeit oder Taufe oder bei der Überbringung guter Wünsche bei der Thronbesteigung ein Souverän auf dem Thron; aber wenn die Verhandlung wichtige Angelegenheiten betrifft, muss sie einem Mann anvertraut werden, nicht einem protzigen Image, es sei denn, das Image wäre tatsächlich eine Marionette in den Händen eines schlauen Kollegen, der zwar das ganze Geheimnis der Verhandlungen besitzt und alles in seinen Händen behält Die Fäden seiner Entwürfe überlassen den tatsächlichen öffentlichen Auftritt dem unwissenden, aber hochgeborenen Herrn, dessen einzige Aufgabe darin besteht, einen schönen Tisch und eine prächtige Equipage zu unterhalten.

Das für einen Verhandlungsführer notwendige Wissen.

Ein Mann, der zur Diplomatie geboren ist und sich zur Verhandlungspraxis berufen fühlt, muss sein Studium mit einer sorgfältigen Untersuchung der Lage verschiedener europäischer Staaten, der Hauptinteressen, die ihr Handeln bestimmen, die sie voneinander trennen, der verschiedenen

Formen beginnen der in verschiedenen Teilen vorherrschenden Regierung und des Charakters der Fürsten, Soldaten und Minister, die Autoritätspositionen innehaben. Um die Einzelheiten dieses Wissens zu beherrschen, muss er ein Verständnis für die materielle Macht, die Einnahmen und die gesamte Herrschaft jedes Fürsten oder jeder Republik haben. Er muss die Grenzen der territorialen Souveränität verstehen; er muss sich über die Art und Weise informieren, wie die Regierung ursprünglich gegründet wurde; der Ansprüche, die jeder Souverän auf Teile erhebt, die er nicht besitzt; denn diese Ambitionen sind das eigentliche Verhandlungsmaterial, wenn eine günstige Wendung der Ereignisse den ehrgeizigen Souverän zu der Hoffnung veranlasst, dass ein lang gehegter Wunsch in Erfüllung gehen möge ; und schließlich muss der Verhandlungsführer in der Lage sein, klar zwischen den Rechten und Ansprüchen zu unterscheiden, die auf vertraglichen Verpflichtungen beruhen, und denen, die allein auf reiner Gewalt beruhen. Zu seinem eigenen Unterricht muss er alle öffentlichen Verträge, sowohl allgemeine als auch besondere, die zwischen den Fürsten und Staaten Europas und in unserer Zeit geschlossen wurden, mit größter Sorgfalt lesen; Er sollte die zwischen Frankreich und dem Haus Österreich geschlossenen Verträge als diejenigen betrachten, die aufgrund des Netzwerks von Verbindungen mit anderen Herrschern, das diese beiden Großmächte umgibt, die wichtigste Form und das Modell für die Führung aller öffentlichen Angelegenheiten der Christenheit bieten. Und da ihre Streitigkeiten ihren Ursprung in den Beziehungen und Verträgen zwischen König Ludwig XI. und Karl, dem letzten Herzog von Burgund, von dem das Haus Österreich abstammt, ist es von entscheidender Bedeutung, dass der Verhandlungsführer unserer Zeit mit allen in dieser Zeit und danach geschlossenen Verträgen gut vertraut ist; vor allem aber alle diejenigen, die zwischen den Hauptmächten Europas vom Westfälischen Frieden bis heute geschlossen wurden.

Europa ist seine Provinz.

Er soll auch die moderne Geschichte Europas mit Verständnis und offenem Blick studieren. Lassen Sie ihn die Memoiren großer Männer, die Anweisungen und Depeschen aller unserer fähigsten Unterhändler lesen, sowohl diejenigen, die in öffentlichen Büchern abgedruckt sind, als auch diejenigen, die in Manuskripten in unserem Amt für öffentliche Aufzeichnungen aufbewahrt werden, denn in diesen Dokumenten geht es um große Angelegenheiten, und Ihre Lektüre wird nicht nur Fakten vermitteln, die für die Entstehung der Geschichte wichtig sind, sondern auch ein Gefühl für die wahre Atmosphäre der Verhandlungen vermitteln und so dazu beitragen, den Geist des Lesers zu formen und ihm einen Anhaltspunkt zu geben, der ihn leiten kann bei ähnlichen Gelegenheiten in seiner eigenen Karriere. Eine der gewinnbringendsten Lektüren, die ich zu diesem Zweck kenne, ist die Depesche des Kardinals d'Ossat , aus dessen Briefen ich für einen Mann, der sich auf Verhandlungen einlässt, sagen möchte, was Horaz den Dichtern seiner Zeit über die Werke von gesagt hat Homer: Dass er sie Tag und Nacht in seinen Händen haben sollte, wenn er Perfektion in seiner eigenen Kunst anstrebt. Auf einfache und bescheidene Weise offenbaren die Depeschen dieses Kardinals die Kraft und die Ansprache, die sein großes Verdienst waren und die trotz der Antike seines Stils denjenigen, die eine Vorliebe für gute diplomatische Schriften haben, immer noch große Freude bereiten. Man kann so sehen, wie er allein durch seine Fähigkeiten, ohne die Hilfe einer adeligen Abstammung, eines Titels oder eines anderen Charakters als dem einer Vertreterin seiner Königin, Louise de Vaudemont , Witwe von König Heinrich III. , konnte er nach und nach das große Unternehmen, König Heinrich den Großen mit dem Heiligen Stuhl zu versöhnen, durchführen, nachdem die berühmtesten Botschafter der Zeit daran gescheitert waren; Mit welcher Geschicklichkeit entging er allen Fallstricken, die ihm der römische Hof stellte, und allen Fallen, die das Haus Österreich, damals auf dem Höhepunkt seiner Macht, zu seinem Untergang ersann. Der Leser wird beim Umblättern jeder Seite staunen, wie seinem durchdringenden Blick nichts entgeht. Er wird selbst die kleinsten Bewegungen von Papst Clemens VIII. FINDEN. und sein Neffe, der Kardinal, zeichnete sorgfältig auf. Er wird sehen, wie Monseigneur d'Ossat von allem profitierte, wie er fest wie ein Fels ist, wenn die Notwendigkeit es erfordert, geschmeidig wie eine Weide im anderen Moment, und wie er die höchste Kunst besaß, jeden Menschen dazu zu bringen, ihm das als Geschenk anzubieten, was er braucht war sein Hauptzweck, ihn zu sichern.

Das Studium berühmter Depeschen .

Andererseits können wir in der Sammlung handschriftlicher Depeschen über die Verhandlungen von Münster sowie in den Memoiren des Kardinals Mazarin die Anweisungen an den französischen Bevollmächtigten lesen, die in ihrer Art tatsächlich Meisterwerke sind, denn in ihnen prüft der Kardinal die Interessen jeder europäischen Macht. Er schlägt Annäherungsversuche und Hilfsmittel vor, um ihre Differenzen mit einer Fähigkeit und Klarheit auszugleichen, die völlig überraschend sind, und das in einer Sprache, die nicht seine eigene war. Auch seine Depeschen zum Pyrenäenfrieden, in denen er dem König die Ergebnisse seiner Gespräche mit Don Louis Dharo , dem Premierminister Spaniens, übermittelte, sind von besonderer Schönheit. Wir erkennen in ihnen auch die Überlegenheit seines Genies und die leichte Überlegenheit, die er über den Geist des spanischen Ministers, mit dem er es zu tun hatte, erlangt hatte. Es gibt auch andere Manuskriptsendungen , die Anerkennung verdienen. Sie sind in großer Zahl in der Königlichen Bibliothek und in anderen Buchsammlungen zu finden, beispielsweise in denen von De Noailles, dem Bischof von Acs, und denen von Montluc, dem Bischof von Valence, in denen man auch den authentischen Bericht lesen kann von zwei edlen und fähigen Männern. Wir haben auch die Briefe von Präsident Jeannin, einem Mann mit großem gesunden Menschenverstand und solidem Urteilsvermögen, der durch den von ihm vorbereiteten zwölfjährigen Waffenstillstand und durch kluge Ratschläge einen großen Beitrag zur Konsolidierung der jungen Republik der Vereinigten Provinzen geleistet hat die er gab und die alle Regierungsangelegenheiten in dieser Republik berührten. Die Lektüre solcher Briefe ist gut geeignet, um sich ein Urteil darüber zu bilden, wer bereit ist, mit intelligenter Sorgfalt zu lesen.

Dynastische Verbindungen.

Um das Hauptinteresse europäischer Fürsten zu verstehen, muss der Verhandlungsführer zu den Kenntnissen, die wir gerade beschrieben haben, die Kenntnisse über dynastische Genealogien hinzufügen, damit er alle Verbindungen und Bündnisse zwischen verschiedenen Fürsten kennen kann, z. B. durch Heirat oder auf andere Weise Diese Verbindungen gelten oft als Hauptursache für Konflikte und sogar Kriege. Er muss auch die Gesetze und Sitten der verschiedenen Länder kennen, insbesondere in allen Angelegenheiten im Zusammenhang mit der Thronfolge und den vorherrschenden Gewohnheiten des Hofes. Das Studium der in jedem Land bestehenden Regierungsformen ist für den Diplomaten sehr wichtig, und er sollte nicht bis zu seiner Ankunft in einem fremden Land warten, um diese Fragen zu studieren; Er sollte sich vorher vorbereiten, denn wenn er nicht über ein gewisses Maß an diesem Wissen verfügt, wird er wie ein Mann auf See ohne Kompass sein. Unsere eigenen Unterhändler, die noch nie gereist sind, bevor sie einen Posten im Ausland angetreten haben, und die daher nichts von diesen Fragen wissen, sind normalerweise so sehr von unseren eigenen nationalen Bräuchen und Gewohnheiten durchdrungen, dass sie denken, dass die aller anderen Nationen ihnen ähneln müssten; Die Wahrheit ist, dass die Autorität, die ein König in seinem Königreich hat, in keiner Weise der des benachbarten Monarchen ähnelt, obwohl die oberflächliche Ähnlichkeit zwischen den Königen in jedem Land für jedes Auge offensichtlich ist.

England und Polen.

Es gibt beispielsweise Länder, in denen es nicht ausreicht, mit dem Fürsten und seinen Ministern übereinzustimmen, weil es andere Parteien gibt, die mit ihm die nationale Souveränität teilen und die Macht haben, sich seinen Entscheidungen zu widersetzen oder sie von ihm zu ändern . Ein hervorragendes Beispiel für diesen Sachverhalt haben wir in England, wo die Autorität des Parlaments den König häufig dazu zwingt, gegen seinen eigenen Willen Frieden oder Krieg zu schließen ; oder wiederum in Polen, wo die allgemeinen Landtage über eine noch größere Macht verfügen, in der eine einzige Stimme im Landtag den nahezu einstimmigen Beschluss der Versammlung selbst zunichte machen und so die Beratungen dieser Versammlung nicht nur zunichte machen, sondern sogar zunichte machen kann die Politik des Königs und des Senats zunichte zu machen. Daher wird der gute Verhandlungsführer in einem solchen Land wissen, wo er das Kräftegleichgewicht im Inland finden kann, um davon zu profitieren, wenn sich die Gelegenheit dazu bietet.

Neben den allgemeinen öffentlichen Interessen des Staates gibt es private und persönliche Interessen und herrschende Leidenschaften bei Fürsten und ihren Ministern oder Günstlingen , die oft eine entscheidende Rolle bei der Ausrichtung der öffentlichen Ordnung spielen. Daher ist es für den Verhandlungsführer notwendig, sich über die Natur dieser privaten Interessen und Leidenschaften zu informieren, die den Geist derjenigen beeinflussen, mit denen er verhandeln muss, damit er sein Handeln von diesem Wissen leiten kann, entweder um ihren Leidenschaften zu schmeicheln, was bedeutet Der einfachste Weg, oder indem man irgendwie Mittel findet, solche Persönlichkeiten von ihren ursprünglichen Absichten und Verpflichtungen abzubringen und sie dazu zu bringen, eine neue politische Linie einzunehmen. Ein solches zum Erfolg geführtes Unternehmen wäre in der Tat eine Meisterleistung der Verhandlungen.

Aussage des Herzogs von Rohan.

Dieser große Mann, der Herzog von Rohan, sagt uns in der Abhandlung, die er über die Interessen europäischer Herrscher schrieb, dass die Herrscher das Volk regieren und dass das Interesse den Herrscher regiert; aber wir können hinzufügen, dass die Leidenschaften der Fürsten und ihrer Minister oft Vorrang vor ihren Interessen haben. Wir haben viele Fälle gesehen, in denen Monarchen unter dem Einfluss von Leidenschaft Verpflichtungen eingegangen sind, die für sie und ihren Staat äußerst schädlich waren. Dies braucht keine Überraschung zu sein, denn die Nationen selbst sind nicht frei von diesem Irrtum und bereit, sich selbst zu ruinieren, um Hass, Rache und Eifersucht zu befriedigen, deren Befriedigung oft im Widerspruch zu ihren wahren Interessen steht. Ohne einen Rückgriff auf die antike Geschichte wäre es leicht, anhand moderner Beispiele zu beweisen, dass Menschen nicht nach festen und stabilen Verhaltensmaximen handeln; dass sie in der Regel mehr von Leidenschaft und Temperament als von Vernunft beherrscht werden. Die Bedeutung dieses Wissens für die Diplomatie besteht darin, dass es die Pflicht des fähigen Verhandlungsführers ist, sich so genau wie möglich über die Neigungen, den Geisteszustand, und die Pläne von Autoritätspersonen, damit diese Informationen in den Dienst der Interessen seines Herrn gestellt werden können. Und wir können sicher sein, dass ein

Unterhändler, der sich nicht darum bemüht hat , einen Fundus dieser allgemeinen und besonderen Informationen zu beschaffen, falsche Überlegungen zu Ereignissen, Staatsangelegenheiten und Menschen anstellen wird und Gefahr läuft, falsche Schätzungen anzustellen und dem Prinzen gefährliche Ratschläge zu geben beschäftigt ihn. Solches Wissen ist nicht nur in Büchern zu finden; Man kann sie leichter durch persönliche Kommunikation mit Beamten des öffentlichen Dienstes und durch Reisen ins Ausland erfahren, denn so gründlich man sich auch mit den Bräuchen, der Politik oder den Leidenschaften der Regierenden in fremden Staaten beschäftigt hat, wird alles anders aussehen Wenn man sie aus nächster Nähe untersucht, ist es unmöglich, sich eine richtige Vorstellung vom wahren Charakter der Dinge zu machen, es sei denn, man kennt sie aus erster Hand.

Bedeutung von Auslandsreisen.

Daher ist es wünschenswert, dass der junge Mann vor Eintritt in den Diplomatieberuf zu den wichtigsten Höfen Europas gereist ist, und nicht nur wie jene jungen Leute, die nach dem Verlassen der Akademie oder des Colleges nach Rom gehen, um die schönen Paläste und antiken Ruinen zu besichtigen, oder nach Venedig, um die Oper und die Kurtisanen zu genießen; Er sollte seine Reisen in der Tat in einem etwas reiferen Alter antreten, wenn er fähiger ist, über die Form und den Geist der Regierung in jedem Land nachzudenken und ihn zu würdigen und die Verdienste und Fehler von Fürsten und Ministern zu studieren – und zwar alles mit Bedacht Er beabsichtigte, eines Tages in diese Länder zurückzukehren und dabei sowohl für sich selbst als auch für seinen Herrn von Nutzen zu sein. Reisen auf diesen Linien verpflichten den Reisenden , ein wachsames Auge auf alles zu haben, was ihm zur Kenntnis kommt. Es wäre gut, wenn sie in bestimmten Fällen die Botschafter oder Gesandten des Königs als Reisebegleiter begleiten würden, ganz nach Art der Spanier und Italiener, die es als Ehre betrachten, die Minister der Krone auf ihren diplomatischen Reisen zu begleiten . Es gibt nichts Besseres , um einen jungen Mann über die Vorgänge in fremden Ländern zu unterrichten oder einen jungen Mann dazu auszubilden, sein eigenes Land im Ausland zu vertreten.

Fremdsprachen unverzichtbar.

Es ist äußerst wünschenswert, dass solche Neulinge in der Diplomatie Fremdsprachen lernen, denn so werden sie vor der Bösgläubigkeit oder Unwissenheit der Dolmetscher und vor der großen Peinlichkeit geschützt, sie für Audienzen beim Souverän verwenden zu müssen. Es ist auch offensichtlich, dass ein Dolmetscher ein Geheimnisverräter sein kann. *Jeder* , der den Beruf des Diplomaten ergreift, sollte die deutsche, italienische und spanische Sprache sowie die lateinische Sprache beherrschen, deren Unkenntnis für jeden Staatsmann eine Schande und eine Schande wäre, da es die gemeinsame Sprache aller christlichen Nationen ist. Für den Diplomaten, der eine schwere nationale Verantwortung trägt, ist es auch sehr nützlich und angemessen, über allgemeine wissenschaftliche Kenntnisse zu verfügen, die zur Entwicklung seines Verständnisses beitragen können, aber er muss seine wissenschaftlichen Kenntnisse beherrschen und darf sie nicht verzehren daran. Er muss der Wissenschaft den Platz geben, den sie verdient, und darf sie nicht nur als einen Grund zum Stolz oder zur Verachtung derjenigen betrachten, die sie nicht besitzen. Während er sich diesem Studium mit Sorgfalt und Aufmerksamkeit widmet, darf er sich nicht darin vertiefen, denn wer in den öffentlichen Dienst seines Königs tritt, muss bedenken, dass er zum Handeln bestimmt ist und nicht zum akademischen Studium in seinem Verborgenen; und sein Hauptanliegen muss es sein, sich über alles zu unterrichten, was das Leben lebender Menschen beeinflussen kann, und nicht über das Studium der Toten. Sein berufliches Ziel ist es, in die Geheimnisse und Herzen der Menschen einzudringen; die Kunst zu erlernen, sie so zu handhaben, dass sie den großen Zielen seines königlichen Herrn dienen.

Eine Regel für den diplomatischen Dienst.

Wenn man in Frankreich die Regel aufstellen könnte, dass niemand in Verhandlungen eingesetzt werden sollte, bis er eine solche Ausbildung absolviert und seine Fähigkeit unter Beweis gestellt hat, durch Studium und Reisen einen guten Bericht über die Länder zu liefern, die er gesehen hat; und wenn man darüber hinaus auch die Regel aufstellen könnte, dass kein Oberkommando in der Armee einem Offizier anvertraut werden kann, der nicht viele Feldzüge unternommen hat, wären wir zuversichtlicher, dass der König bei seinen Verhandlungen gute Dienste leisten würde , und dass er auf diese Weise in der Lage sein würde, eine große Zahl zuverlässiger Unterhändler um sich zu scharen. Dies ist ein höchst wünschenswertes Ziel, denn wie wir gesehen haben, gibt es viele Aktionen, bei denen die perfekte Ausübung der Verhandlungskunst nicht weniger nützlich ist als die des Krieges, und dass in Frankreich derzeit die Kriegskunst weit darüber steht das der Diplomatie in der öffentlichen Wertschätzung.

Belohnungen für Service.

Ehre und Glück für diejenigen gibt, die sich in der Diplomatie um ihr Land verdient gemacht haben, wie es in der Tat in vielen anderen Ländern der Fall ist Gerichte in Europa, wo die Untertanen des Königs in diesem Zweig des öffentlichen Dienstes hohe Auszeichnungen erlangt haben. Es gibt in der Tat Länder, in denen der angesehene Diplomat hoffen kann, den höchsten Rang und die erhabensten Würden im Reich zu erreichen, wodurch wir in Frankreich lernen können, den Beruf des Diplomaten auf den Grad der öffentlichen Anerkennung zu heben, der ihm gebührt wovon der Dienst des Königs und die Größe des Königreichs sicherlich profitieren müssen.

Zur Wahl der Diplomaten.

Die richtige Wahl der Verhandlungsführer hängt von ihrer persönlichen Qualität, ihrer Ausbildung und bis zu einem gewissen Grad von ihrem Vermögen ab, und da die Begabungen der Menschheit sehr unterschiedlich sind, stellt man fest, dass eine Art besser in das Amt der Diplomatie passt als eine andere . Gleichzeitig gibt es Männer mit so großen Fähigkeiten, dass sie sicher in sehr unterschiedlichen Unternehmen und sogar in sehr unterschiedlichen Ländern eingesetzt werden können. Solche Männer eignen sich aufgrund ihrer Anpassungsfähigkeit, ihrer Aufnahmebereitschaft und ihres geschmeidigen Charakters gut für das Gebiet der Diplomatie und gewöhnen sich schnell an neue Umgebungen. Es sollte das Ziel aller Regierungen sein, eine ganze Rasse solcher Männer heranzubilden, aus deren Reihen sie ihre diplomatischen Vertreter rekrutieren können. Es ist wahr, dass es in jeder Generation nur wenige Genies ersten Ranges geben wird und dass die Basis des diplomatischen Dienstes aus Personen eines begrenzteren Typs bestehen wird, was in diesem Fall umso mehr Macht ausübt Der Außenminister ist verpflichtet, bei der Zuweisung von Botschaftern für Auslandsposten größte Sorgfalt walten zu lassen. Er muss daher mit dem gesamten Service gut vertraut sein, um zu wissen, wo er die richtige Person für ein bestimmtes Unternehmen finden kann.

Die drei Berufe.

Im Großen und Ganzen gibt es drei Hauptberufe des Menschen. Die erste ist die kirchliche; die zweite ist die der Gentlemen of the Sword, zu denen neben denen, die tatsächlich in der Armee dienen, auch Höflinge und Knappen sowie andere Ränge von Gentlemen im Dienst Seiner Majestät gehören; und der dritte ist der Beruf des Gesetzes, dessen Anhänger in Frankreich „Herren des Stoffes" genannt werden. Es gibt nicht viele Länder, in denen Geistliche in der Diplomatie eingesetzt werden können, denn man kann sie nicht richtig in ketzerische oder ungläubige Länder schicken. In Rom, das ihre Heimat zu sein scheint, geraten sie aufgrund ihrer Verbundenheit mit dem Papst und ihrem Wunsch, von ihm Ehrungen sowie andere Vorteile zu erhalten, die vom Dienst an seinem Hof abhängen, zweifellos in den Verdacht, den jesuitischen Maximen zu sehr zu folgen die die päpstliche Politik bestimmen und oft zu Lasten der weltlichen Macht anderer Könige gehen.

Das Beispiel Venedig.

Die Republik Venedig hat in dieser Angelegenheit viel Weisheit bewiesen, denn sie ist von der Parteilichkeit der venezianischen Prälaten gegenüber dem Heiligen Stuhl so überzeugt, dass sie sie nicht nur von allen diplomatischen Ämtern im Zusammenhang mit dem Hof von Rom ausschließt, sondern sogar ausschließt Sie werden von allen Diskussionen über die politischen Beziehungen zwischen Venedig und Rom ausgeschlossen. Es ist in der Tat für jeden offensichtlich, dass ein Würdenträger der Kirche eine geteilte Loyalität schuldet, und es scheint wahrscheinlich, dass ersterer wahrscheinlich die Oberhand gewinnen wird, wenn seine Loyalität gegenüber der Kirche mit seiner Loyalität gegenüber seinem Souverän in Konflikt steht. Je genauer man beispielsweise die eigentlichen Pflichten eines Bischofs untersucht, desto fester wird man zu der Überzeugung, dass diese Pflichten nicht mit denen eines Botschafters vereinbar sind; Denn einerseits ist es unpassend, dass ein Geistlicher in der Welt umherläuft und dabei die Pflichten vernachlässigt, die ihn zuerst beanspruchen sollten, und andererseits kann es, wie wir gesehen haben, zu einem Konflikt zwischen politischer und kirchlicher Loyalität kommen mit katastrophalen Folgen. Und sicherlich muss ein Staat schlecht mit Männern ausgestattet sein, wenn er nur in der Kirche genügend geschickte Diplomaten finden kann. Ich bin der Letzte, der die großen Verdienste einiger Prälaten für den französischen Staat in der Vergangenheit bestreitet, halte es jedoch für sinnvoll, mich grundsätzlich von den vorstehenden Erwägungen leiten zu lassen.

Der Botschafter, ein Mann des Friedens.

Der beste Diplomat ist in der Regel ein Mann von guter Herkunft, manchmal ein Ritter, der für den Waffenberuf ausgebildet wurde, und gelegentlich hat sich herausgestellt, dass ein guter Generaloffizier erfolgreich als Botschafter gedient hat, insbesondere zu einer Zeit, in der die Militärische Angelegenheiten beider Staaten waren wichtige Verhandlungsthemen. Aber Diplomatie ist nicht mit Krieg verbunden, denn obwohl Krieg aus der Politik hervorgeht, ist er nichts anderes als ein Mittel zum Selbstzweck. Deshalb sollte der Botschafter ein Mann des Friedens sein; Denn in den meisten Fällen und sicherlich überall dort, wo das ausländische Gericht dem Frieden zuneigt, ist es am besten, einen Diplomaten zu entsenden, der durch Überzeugungsarbeit arbeitet und es versteht, die Gunst seiner Mitmenschen zu gewinnen. In jedem Fall wird man feststellen, dass den öffentlichen Interessen am besten durch die Ernennung eines professionellen Diplomaten gedient wird, der durch langjährige Erfahrung eine hohe Eignung für das besondere Amt der Diplomatie erworben hat. Weder der Soldat noch der Höfling können hoffen, die Pflichten der Diplomatie erfolgreich zu erfüllen, wenn sie sich nicht die Mühe gemacht haben, sich in der öffentlichen Ordnung und in allen Wissensgebieten zu unterrichten, die ich bereits als für den Unterhändler notwendig beschrieben habe.

Anwaltsdiplomaten.

Zwar hat ein Anwaltsdiplomat manchmal große Verhandlungserfolge erzielt, insbesondere in Ländern, in denen die letzte Verantwortung für die öffentliche Ordnung bei öffentlichen Versammlungen lag, die durch geschickte Rede bewegt werden konnten, aber im Allgemeinen führt die Ausbildung eines Anwalts zu Gewohnheiten und Dispositionen Geisteshaltungen, die der Ausübung der Diplomatie nicht förderlich sind. Und obwohl es wahr ist, dass der Erfolg vor Gericht weitgehend von der Kenntnis der menschlichen Natur und der Fähigkeit, sie auszunutzen, abhängt – beides Faktoren der Diplomatie –, trifft es dennoch zu, dass der Beruf des Anwalts eine Rolle spielt Sich über nichts zu spalten, ist keine gute Vorbereitung für die Behandlung schwerwiegender öffentlicher Angelegenheiten im Bereich der Diplomatie. Wenn dies auf den Anwalt oder Rechtsanwalt zutrifft, trifft es noch mehr auf den Amtsrichter und Richter zu. Die Geisteshaltung, die sich aus dem Vorsitz eines Gerichts ergibt, in dem der Richter selbst an oberster Stelle steht, neigt dazu, jene Fähigkeiten der Geschmeidigkeit und Anpassungsfähigkeit auszuschließen, die in der Diplomatie notwendig sind, und die fast lächerliche Anmaßung von Würde durch einen Richter würde sicherlich so erscheinen Arroganz in diplomatischen Kreisen. Ich behaupte nicht, dass es keine großen Anwälte und großen Richter gegeben hat, die über hohe diplomatische Qualitäten verfügten, aber ich lege diese Überlegungen meinen Lesern erneut vor, in der Überzeugung, dass sie umso sicherer zu Effizienz führen werden, je genauer sie beobachtet werden der diplomatische Beruf.

Diplomatie erfordert professionelle Ausbildung.

Lassen Sie mich meine Überzeugung, die leider noch nicht einmal von Staatsministern in Frankreich geteilt wird, noch weiter betonen , dass die Diplomatie ein eigenständiger Beruf ist, der die gleiche Vorbereitung und Sorgfalt verdient, die Männer anderen anerkannten Berufen widmen . Die Qualitäten eines Diplomaten und die dafür notwendigen Kenntnisse können allerdings nicht alle erworben werden. Das diplomatische Genie wird geboren, nicht gemacht. Aber es gibt viele Qualitäten, die durch Übung entwickelt werden können, und der größte Teil des notwendigen Wissens kann nur durch ständige Anwendung auf das Thema erworben werden. In diesem Sinne ist die Diplomatie sicherlich ein Beruf, der die gesamte Karriere eines Mannes in Anspruch nehmen kann, und diejenigen, die eine diplomatische Mission als angenehme Ablenkung von ihrer gemeinsamen Aufgabe antreten wollen, bereiten nur Enttäuschung für sich selbst und eine Katastrophe für die Sache, der sie dienen. Selbst der größte Narr würde das Kommando über eine Armee nicht einem Mann anvertrauen, dessen einziges Verdienstzeichen seine erfolgreiche Beredsamkeit vor Gericht oder seine geschickte Ausübung der Höflingskunst im Palast ist. Alle sind sich einig, dass militärische Befehle durch einen langen Dienst in der Armee erworben werden müssen. Ebenso sollte es als Torheit angesehen werden, die Führung von Verhandlungen einem ungeübten Amateur anzuvertrauen, es sei denn, er hat in einem anderen Lebensbereich die für die Ausübung der Diplomatie erforderlichen Qualitäten und Kenntnisse deutlich unter Beweis gestellt.

Tod durch schlechte Termine.

Es kommt oft vor, dass es Männer im öffentlichen Leben gibt, die sich einen Ruf erworben haben, ohne ihn zu verdienen. Das ist in der politischen Welt möglich, in der es viele Lageranhänger und Mitläufer aller Art gibt, und es besteht immer die Gefahr, dass ein Minister, der auf der Suche nach einem Botschafter für einen Auslandsposten ist, die Gelegenheit nutzt, um bei einigen eine alte Schuld zu begleichen einer mächtigen Patrizierfamilie oder einem Erpresser hinter den Kulissen. Diejenigen, die die Verantwortung übernehmen, Personen dieser Art in hohe diplomatische Ämter zu ernennen, sind vor Gott und den Menschen für alle Schäden verantwortlich, die dadurch dem öffentlichen Interesse entstehen können. Es kann nicht deutlich genug gesagt werden, dass in vielen Fällen, in denen Probleme aufgetreten sind, zwar der Verhandlungsführer selbst schuld ist, die wahre Verantwortung jedoch beim Minister zu Hause liegen muss, der nicht nur die Politik selbst entwirft, sondern auch die Instrumente dafür auswählt. Es ist daher eine der höchsten Maximen einer guten Regierung, dass das öffentliche Interesse an erster Stelle stehen muss und dass daher sowohl der Fürst selbst als auch seine Minister sich wappnen müssen, um dem Druck von Freunden und Verwandten zu widerstehen, die eine Anstellung für unwürdige Personen suchen. Vor allem in der Diplomatie sollten, da Frieden und Krieg und das Wohlergehen der Nationen davon abhängen, die besten Köpfe, die klügsten und gebildetsten Staatsdiener auf die wichtigsten Auslandsämter berufen werden, unabhängig von den persönlichen Angelegenheiten des Fürsten selbst oder anderer die Parteizugehörigkeiten der gewählten Botschafter.

„ Wir haben Narren in Florenz, aber wir exportieren sie nicht. "[1]

Der Schaffung eines wachsamen, klugen und hochgesinnten diplomatischen Dienstes sollte nichts im Wege stehen. Kleingeistige sollten sich mit einer Beschäftigung im Inland begnügen, wo ihre Fehler leicht wiedergutgemacht werden können, denn im Ausland begangene Fehler sind allzu oft irreparabel. Der verstorbene Herzog der Toskana, ein bemerkenswert weiser und aufgeklärter Prinz, beschwerte sich einmal beim venezianischen Botschafter, der auf seiner Reise nach Rom über Nacht bei ihm blieb, dass die Republik Venedig eine Person als Residenz an seinen Hof geschickt habe keinen Wert, weder Urteilsvermögen noch Wissen, noch nicht einmal eine attraktive persönliche Eigenschaft. „Ich bin nicht überrascht", antwortete der Botschafter; „Wir haben viele Narren in Venedig." Daraufhin erwiderte der Großherzog: „Wir haben auch Narren in Florenz, aber wir achten darauf, sie nicht zu exportieren."

Die Ausführungen des Herzogs zeigen, wie wichtig es in jeder Hinsicht ist, den richtigen Mann für den diplomatischen Dienst auszuwählen, und um dem Außenminister eine angemessene Wahlfreiheit zu geben, sollte sein diplomatischer Dienst Männer unterschiedlicher Charaktere und einer großen Vielfalt umfassen Errungenschaften. Er wird also nicht gezwungen sein, einen ungeeigneten Mann zu schicken, nur weil er der einzige verfügbare Mann war. Er sollte bei dieser Wahl die Art der Regierung und die Religion, die im betreffenden fremden Land vorherrscht, sorgfältig berücksichtigen. Zu diesem Thema gab es früher in Paris eine Scherzströmung. Der französische König hatte einen Bischof nach Konstantinopel und einen Ketzer nach Rom geschickt, und es hieß, der eine sei gegangen, um den Großtürken zu bekehren, und der andere, um sich vom Papst bekehren zu lassen!

Die Persona Ingrata.

am ausländischen Gericht als *persona ingrata gelten könnte, denn er wird mit Sicherheit, ob er will oder nicht, Vorurteile gegenüber seinem eigenen Land hervorrufen* und wird seinen Konkurrenten in der Diplomatie ganz und gar nicht auf Augenhöhe begegnen können, denn er wird mit dem Handicap der Unbeliebtheit beginnen. Der Außenminister sollte daher nicht warten, bis die Dinge in einer ausländischen Hauptstadt schiefgehen, sondern sollte bei jeder Ernennung in der Lage sein, den Charakter des neuen Botschafters zu kennen und somit ein Veto gegen eine schlechte Ernennung einzulegen. Leider ist dies keineswegs immer der Fall. Ich muss mich nicht auf eine detaillierte Prüfung der Fehler einlassen, die es zu vermeiden gilt, und der Tugenden, die es bei einem vollständigen Diplomaten zu fördern gilt. Ich habe bereits genug gesagt, um zu zeigen, wo meine Meinung im Allgemeinen liegt. Ich werde nur ein oder zwei weitere Überlegungen hinzufügen. Ich habe vor ein paar Augenblicken gesagt, dass ein lockeres Leben ein großes Hindernis für die Diplomatie darstellt; Aber da es keine Regel gibt, die keine Ausnahmen kennt, möchte ich darauf hinweisen, dass ein zu enthaltsamer Verhandlungsführer viele Gelegenheiten verpassen wird, herauszufinden, was vor sich geht. Vor allem in den nördlichen Ländern wird der Diplomat, der ein Glas liebt, schnell Freunde unter den Ministern finden, allerdings sollte er natürlich so trinken, dass er nicht die Kontrolle über seine eigenen Fähigkeiten verliert und gleichzeitig versucht, die Selbstbeherrschung anderer zu lockern .

Die Nation wird von ihren Dienern beurteilt.

In der Diplomatie wird eine Nation von ihren Ministern beurteilt, und ihr gesamter Ruf kann auf der Popularität oder Unbeliebtheit eines Botschafters beruhen. In dieser Hinsicht ist das persönliche Verhalten des Botschafters und seines Personals fast ebenso wichtig wie die Politik, die ihm obliegt, denn der Erfolg der Politik wird weitgehend von den tatsächlichen Beziehungen abhängen, die zwischen den beiden Nationen bestehen. Der Botschafter ist sozusagen die Verkörperung dieser Beziehungen, und wenn ein erfahrener Fachmann in seinem Beruf weiß, wie er jede Gelegenheit zum Vorteil nutzen kann. Ich muss meine Geschichte der Qualitäten und Praktiken, mit denen aus dem Lauf der Dinge ein solcher Vorteil gezogen werden kann, nicht wiederholen, aber ich möchte vielleicht darauf hinweisen, dass Männer von Geburt und Erziehung offensichtlich besser in der Lage sind, die Art von Funktion zu erfüllen, die ich beschrieben habe. Ihr Rang wird einen gewissen Respekt erfordern, und die Eigenschaften, die Menschen von guter Geburt normalerweise erben, sollten ihnen an einem ausländischen Hof von Nutzen sein. Gleichzeitig dürfen solche Eigenschaften nicht mehr als eine Grundlage sein. Sie allein können einen Diplomaten nicht für sein Amt ausrüsten. Er muss sich durch gewissenhaftes Bemühen die anderen notwendigen Eigenschaften aneignen, denn es gibt keinen Menschen, der anfälliger für Misstrauen ist als der, der sich auf eine Erfahrung beruft, die er nicht besitzt. Darüber hinaus ist es in der Regel unklug, wichtige Verhandlungen jungen Männern anzuvertrauen, die häufig anmaßend, eitel und indiskret sind. Das Alter ist ebenso unangemessen. Die schönste Zeit des Lebens ist die Blütezeit, in der man Erfahrung, Diskretion und Mäßigung gepaart mit Tatkraft findet.

Männer der Literatur.

Unter sonst gleichen Bedingungen ziehe ich einen Literaten einem vor, der sich das Studium nicht zur Gewohnheit gemacht hat, denn seine Lektüre wird ihm eine gewisse Ausrüstung verleihen, die ihm sonst vielleicht fehlen würde. Es wird sein Gespräch bereichern und ihm den notwendigen historischen Rahmen bieten, in den er seine eigenen Verhandlungen einordnen kann; wohingegen ein unwissender Mann in der Lage sein wird, nichts als den Willen seines Herrn zu zitieren und somit seine Argumente in einer nackten und unattraktiven Form darzulegen. Es muss offensichtlich sein, dass das im Laufe seines Lebens erworbene Wissen eine wichtige Ergänzung in der Diplomatie ist, und vor allem ist die Lektüre der Geschichte zu bevorzugen, denn ohne sie wird der Verhandlungsführer nicht in der Lage sein, die Bedeutung der historischen Anspielungen zu verstehen, die von ihm gemacht werden andere Diplomaten und könnten daher an einer wichtigen Wende in den Verhandlungen den Kern der Sache übersehen. Und da es nicht ausreicht, richtig zu denken, muss der Diplomat in der Lage sein, seine Gedanken in die richtige Sprache zu übersetzen, und umgekehrt muss er in der Lage sein, hinter der Sprache anderer zu ihren wahren Gedanken durchzudringen. Es kann oft vorkommen, dass eine historische Anspielung die Absichten eines Ministers viel besser offenbart als jedes direkte Argument. Hierin liegt die Bedeutung der Kultur in der Diplomatie. Gelegentlich wurde Botschaftern der Name „Redner" gegeben, weil sie es in bestimmten Zeiten gewohnt waren, ihre Anweisungen in Form einer beredten Ansprache zu überbringen; Aber diplomatische Beredsamkeit ist etwas ganz anderes als die des Parlaments oder der Anwaltskammer. Die Reden eines Botschafters sollten mehr Sinn als Worte enthalten und er sollte jede Beeinflussung sorgfältig vermeiden. Sein Ziel sollte es sein, den Geist seiner Zuhörer durch eine mitfühlende Berührung zu wecken, sodass es ihm dann leicht fällt, seine Botschaft auf angemessene Weise zu übermitteln. Er sollte daher zu Beginn lieber an das denken, was in ihrem Kopf vorgeht, als sofort auszudrücken, was in seinem eigenen Kopf vorgeht. Darin besteht wahre Beredsamkeit, und tatsächlich sind die Worte, die ich gerade verwendet habe, der Anfang und das Ende aller Diplomatie.

Der passende Anredemodus.

Im Allgemeinen sollte seine Art der Ansprache, egal ob er mit dem Souverän oder seinen Ministern spricht, gemäßigt und zurückhaltend sein. Er sollte seine Stimme nicht erheben, sondern den gewöhnlichen Gesprächston beibehalten, der gleichzeitig einfach und würdevoll ist und einen angeborenen Respekt sowohl für sein eigenes hohes Amt als auch für die Person, die er anspricht, zum Ausdruck bringt. Er sollte vor allem den weitschweifigen, pompösen Ansatz vermeiden, der für Fürsten typisch ist, die mehr Wert auf Zeremoniell legen als auf das Wesentliche einer Angelegenheit. Wenn der Botschafter jedoch aufgefordert wird, seine Botschaft einem Senat oder einem Parlament zu übermitteln, wird er bedenken, dass die Mittel, um die Gunst eines Einzelnen und einer Versammlung zu erlangen, keineswegs dieselben sind. Bei einer solchen öffentlichen Rede darf er sich eine gewisse rhetorische Freiheit gönnen, aber auch hier muss er sich davor hüten, seine Rede über ein erträgliches Maß hinaus in die Länge zu ziehen. Die Antwort der Spartaner an die Botschafter der Insel Samos gilt als Warnung für alle Zeiten vor Weitschweifigkeit: „Wir haben den Anfang Ihrer Ansprache vergessen; Wir schenkten der Mitte keine Beachtung, und nichts außer dem Ende hat uns Freude daran bereitet.' Gott bewahre, dass ein französischer Unterhändler eine so vernichtende Abfuhr erhalten sollte!

Der gut gespeicherte Geist.

Selbst in den besten Zeiten wird sich ein Mann mit gesundem Menschenverstand nicht ausschließlich auf seinen angeborenen Witz verlassen. Er wird feststellen, dass die Kenntnis historischer Präzedenzfälle oft als Hebel dient, um Hindernisse aus dem Weg zu räumen. Ein solches Wissen über die Geschichte und insbesondere die wahre Fähigkeit, es auf aktuelle Ereignisse anzuwenden, kann nur durch langjährige Erfahrung erlernt werden. Selbst in den Fällen, in denen die Bemühungen eines Amateurdiplomaten erfolgreich waren, muss das Beispiel als Ausnahme betrachtet werden, denn es ist eine alltägliche menschliche Erfahrung, dass qualifizierte Arbeit einen erfahrenen Arbeiter erfordert. Je wichtiger das Geschäft ist, desto wichtiger ist es, dass sich die Staatsminister die Dienste ausgebildeter Männer sichern. Ich bin mir bewusst, dass selbst die größten Gerichte manchmal diese lebenswichtige Vorsichtsmaßnahme vernachlässigen und ihre Botschaften mit unangemessenen Personen füllen, vor allem weil der Minister oder der Fürst nicht die nötige Geisteskraft hatte, um Berufungen aus illegitimen Gründen wie dem Einfluss familiärer Herkunft zu widerstehen. Normalerweise stellt man fest, dass der wirkliche Experte sich selbst oder seine Ansprüche nicht durchsetzt und dass die überlegenen Köpfe in der Diplomatie, wie in anderen Lebensbereichen auch, nicht an jeder Straßenecke mit ihren Waren feilbieten, sondern mit Vorsicht aufgesucht werden müssen in ihren eigenen Schränken. Es ist auch zu beobachten, dass der Beruf des Diplomaten in früheren Zeiten in der öffentlichen Wertschätzung zu niedrig gestanden hat, um die Dienste erstklassiger Männer anzuziehen – teils weil höhere Bezüge anderswo verdient werden sollten, teils wegen der längeren Abwesenheit von zu Hause was der diplomatische Dienst mit sich bringt.

Diplomatie ein ehrenhaftes Exil.

Wenn Diplomatie eine Arbeit im Exil ist, sollte der Staat dafür sorgen, dass es sich zumindest um ein ehrenhaftes Exil handelt. Um diesem Nachteil entgegenzuwirken, sollte die Heimatregierung das System der Diplomatie so reformieren, dass es sowohl den ehrgeizigsten als auch den kultiviertesten Geistern Anziehungskraft bietet. Es gibt keinen Grund, warum den Diplomaten nicht gleich zu Beginn ihrer Karriere nicht nur Ehre , sondern auch eine angemessene tägliche Vergütung für seine Dienste angeboten werden sollte. In Anbetracht der Kosten, die den Diplomaten aller Ränge bei ihrem Dienst im Ausland und bei der Wahrung der Ehre ihres eigenen Berufs und ihres Landes entstehen, wird der Prinz gut beraten sein, gute Gehälter zu zahlen und seine Wertschätzung auf andere Weise zum Ausdruck zu bringen der diplomatische Beruf. Nur so und nur so kann ein Prinz eine diplomatische Leibwache um sich scharen, die diesen Namen verdient. Wenn er diesen Rat befolgt, wird sein diplomatischer Dienst schnell alle anderen übertreffen und zwischen ihm und seinen diplomatischen Agenten wird ein tieferes gegenseitiges Vertrauen entstehen, auf dem der Erfolg aller seiner Verhandlungen gesichert ist. Kein Diplomat ist weniger zu beneiden als derjenige, der sich an einem ausländischen Hof ohne das eigene Vertrauen wiederfindet.

Wert eines gut ausgestatteten Dienstes.

Nun wird die diplomatische Ausrüstung des Staates unvollständig sein, wenn der diplomatische Dienst in seinen Reihen nicht über eine so große Anzahl erfahrener und erfahrener Diplomaten verfügt, dass der König möglicherweise mehrere von ihnen als Sonderberater für auswärtige Angelegenheiten an seiner Seite behalten kann. In jedem Feldzug wird sich der wahre Befehlshaber für seine Reserven genauso viel Mühe geben wie für seine erste Angriffslinie, und ebenso ist die Position der Reserven in der Diplomatie von großer Bedeutung, denn sie bedeutet nicht nur, dass sie dem Außenminister zur Verfügung steht Er möchte in Krisenzeiten eine Reihe erfahrener Diplomaten zur Unterstützung beauftragen, aber auch, dass seine Wahl eines Nachfolgers nicht zu eng eingeschränkt wird, wenn eine der Botschaften im Ausland plötzlich frei wird. So kann er die fatale Praxis vermeiden, die in der jüngeren französischen Geschichte allzu oft vorherrscht, im letzten Moment willkürlich einen Botschafter aus den Höflingen und Mitläufern des Palastes auswählen zu müssen.

Der richtige Mann am richtigen Ort.

Die Art der anstehenden Aufgabe muss weitgehend die Wahl des Botschafters bestimmen, der mit der Ausführung dieser Aufgabe beauftragt wird, und wenn der diplomatische Dienst groß genug und vielfältig genug ist, werden in seinen Reihen mit Sicherheit viele verschiedene Charaktere mit unterschiedlichsten Fähigkeiten vertreten sein . Bei all den Geheimverhandlungen, die so notwendig sind, um den Boden für Verträge vorzubereiten, stellt man oft fest, dass der Botschafter selbst nicht der beste Ansprechpartner ist. Der Versuch, solche geheimen Verhandlungen mit den gewöhnlichen Pflichten seines Amtes zu verbinden, kann für ihn höchst peinlich sein, und daher ist ein kluger Mann, der noch nicht mit dem Prestige eines hohen Amtes ausgestattet ist, ein geeigneterer Agent für diese Art von Geheimgeschäften. Allein die Tatsache, dass die hohe öffentliche Stellung eines Botschafters geeignet ist, das Gericht und die breite Öffentlichkeit mit seiner Person und seinem Gesicht vertraut zu machen, ist sicherlich ein Nachteil für seine Beschäftigung mit geheimeren Angelegenheiten, und obwohl es wahr ist, wie wir gesagt haben Da ein Botschafter zum Geschäft eines ehrenwerten Spions gehört, sollte er sich davor hüten, selbst zu spionieren. Die meisten großen Ereignisse der jüngeren diplomatischen Geschichte wurden von im Geheimen entsandten Ministern vorbereitet. Der Frieden von Münster, eine der kompliziertesten Verhandlungen, die ich je erlebt habe, war nicht wirklich das Werk dieser riesigen Schar von Botschaftern und Gesandten, die sich dort trafen und dem Dokument ihre Unterschriften beifügten. Die wesentlichen Bestimmungen dieses Vertrags wurden von einem Geheimagenten Herzog Maximilians von Bayern besprochen und ausgearbeitet, der mit Kardinal Mazarin an einem Tisch in Paris saß. In ähnlicher Weise wurde der Pyrenäenfrieden als Ergebnis geheimer Verhandlungen in Lyon zwischen Kardinal Mazarin und Pimentel, dem geheimen Gesandten des spanischen Königs, geschlossen; und schließlich wurde der Frieden von Ryswick, an dem ich während der gesamten Verhandlung beteiligt war, von derselben Geheimdiplomatie ausgearbeitet, bevor er im Jahr 1697 in Holland öffentlich ratifiziert wurde.

Jede Botschaft ist eine Miniatur des gesamten Gottesdienstes.

Nun ist die Bedeutung dieser Überlegungen für die Organisation der Diplomatie ziemlich klar. Wenn es nur darum geht, gute Beziehungen zwischen einem Staat aufrechtzuerhalten und eine mehr oder weniger korrekte Darstellung aller Vorgänge an einem ausländischen Gericht zu liefern, genügt ein Diplomat mit ein paar Sekretären, und das ist in normalen Zeiten auch der Fall Zweifellos ist es besser, an keinem ausländischen Gericht mehr als einen Diplomaten gleichen Ranges zu haben. Aber es ist ebenso offensichtlich, dass es Gelegenheiten gibt, in denen es von größtem Vorteil ist, eine besser ausgestattete Mission an einem ausländischen Hof zu unterhalten und sogar zwei oder drei Diplomaten höheren Ranges zu entsenden, um bei der Führung von Verhandlungen und anderen zu helfen Aktivitäten der Diplomatie. Dies gilt natürlich immer dann, wenn eine Friedenskonferenz zusammentritt, denn Verhandlungen dieser Art erfordern im Vorfeld eine große Vorbereitung, und es wäre für einen einzelnen Diplomaten unmöglich, die gesamte unter solchen Umständen erforderliche Arbeit sowie die vielfältigen Aufgaben zu übernehmen sein eigenes Büro. In gewissem Sinne sollte die Botschaft selbst eine Miniaturkopie des gesamten diplomatischen Dienstes sein.

Vielfalt an Talenten.

Zweifellos gibt es in allen größeren Botschaften Platz für eine große Vielfalt an Talenten, die ein entsprechendes Betätigungsfeld finden, wenn der Missionsleiter klug genug ist, den jüngeren Männern eine Chance zu geben. Beispielsweise kommt es manchmal vor, dass sich eine Botschaft in einem Land befindet, in dem Bürgerkrieg herrscht, und dann wird die bewährte Vorgehensweise des Botschafters auf eine harte Probe gestellt. Wenn er seine Untergebenen dazu ermutigt hat, mit verschiedenen Parteien im Land Beziehungen unterschiedlicher Art aufzubauen, um an Informationen zu gelangen, wird er feststellen, dass er selbst bei Ausbruch einer so ablenkenden Aufregung wie dem Bürgerkrieg in seiner eigenen Botschaft über die Mittel dazu verfügt den Kontakt zu beiden Seiten im Streit pflegen. Natürlich wird es für ihn eine schwierige und heikle Aufgabe sein, sich nicht auf eine der beiden Seiten einzulassen; aber durch die Fülle der Informationen, die er von beiden Seiten erhält, wird er sicherlich alle seine bisherigen Mühen reichlich entschädigt finden. Auf keinen Fall darf er zulassen, dass Vorurteile hinsichtlich des sozialen Ranges oder der politischen Meinung die Bildung nützlicher Beziehungen zwischen seinen Mitarbeitern und verschiedenen Parteien im Land behindern. Ihm selbst ist eine solche Aktion untersagt, und wenn er allein wäre und nichts als ein oder zwei Sekretäre hätte, die ihn unterstützen könnten, wäre es für ihn völlig unmöglich zu wissen, was in einem der beiden Lager vorging, und er müsste sich auf Zweitsekretäre verlassen. Handinformationen, die er nicht testen konnte. Noch schlimmer wäre es für ihn, wenn er, nachdem er zum persönlichen Freund des Chefs einer der Parteien geworden ist, feststellen würde, dass die andere Partei an die Macht kommt und ihn anschließend wie einen Feind behandelt.

Verdienst der einzige Standard.

Solche Überlegungen müssen vom Außenminister stets berücksichtigt werden. Aber am allerwenigsten sollte er sich bei der Auswahl seiner Attachés und anderer Personen in jedem Rang in der Diplomatie von Rücksicht auf Rang, soziale Stellung oder politische Meinung beeinflussen lassen. Besonders wenn er im Begriff ist, eine Botschaft in einen Staat zu entsenden , der unter einer Volksregierung steht, wird er sich daran erinnern, dass der Botschafter viele Agenten benötigt, um ihn mit den verschiedenen Parteien in Kontakt zu halten. Es ist daher zu beachten, dass die Botschaften, die in vom Volk regierte Staaten entsandt werden, mit größerer Sorgfalt ausgewählt und mit einem vielfältigeren Personal ausgestattet werden müssen als diejenigen, die an einen ausländischen Gerichtshof entsandt werden, wo die Regierung vollständig in den Händen des Königs liegt .

Die diplomatische Hierarchie: Botschafter.

Bevor ich im Detail auf die Pflichten von Verhandlungsführern eingehe, werde ich die verschiedenen Titel, die sie erhalten, sowie die mit ihrem Amt verbundenen Funktionen und Privilegien beschreiben. Es gibt zwei Arten von Verhandlungsführern: Verhandlungsführer erster und zweiter Ordnung. Diejenigen der ersten Ordnung sind außerordentliche Botschafter und gewöhnliche Botschafter. Die zweiten sind außerordentliche Gesandte und Residenten. Außerordentliche Botschafter erhalten bestimmte Ehrungen und Auszeichnungen, die gewöhnlichen Botschaftern nicht zuteil werden. Die außerordentlichen Gesandten gekrönter Häupter werden auf Befehl des Königs drei Tage lang in Frankreich in für sie reservierten Residenzen untergebracht und bewirtet, während die gewöhnlichen Gesandten vom König nicht so bewirtet werden, obwohl sie in anderer Hinsicht die gleiche Ehre genießen Privilegien wie erstere. Diese Privilegien bestehen im Genuss der Immunität und Sicherheit nach internationalem Recht, im Recht, bei öffentlichen Audienzen vor dem König gedeckt zu bleiben, weil sie ihre Herren vertreten, im Privileg, in der Kutsche des Königs befördert zu werden und ihre eigenen Kutschen hineinzufahren Der Innenhof des Louvre. Sie haben immer noch ihr eigenes Podium im Audienzsaal, während ihre Frauen einen Platz bei der Königin haben; und es ist ihnen gestattet, den Fahrersitz ihrer Kutschen mit einer speziellen Schabracke zu bedecken. In Frankreich genossen die Botschafter der Herzöge von Savoyen die gleichen Ehren wie die gekrönten Häupter Europas. Im Ausland genießen die Botschafter des Königs je nach den an den verschiedenen Gerichten geltenden Gepflogenheiten unterschiedliche Zeremonienrechte. Der französische Botschafter in Rom zum Beispiel reicht den Botschaftern bestimmter gekrönter Häupter und Venedigs die Hand, aber es gibt bestimmte Botschafter anderer Herrscher, die diese Höflichkeit nicht erhalten, obwohl sie ihnen an anderen Höfen von den Franzosen gewährt wird Botschafter. Der französische Botschafter steht bei allen Zeremonien in Rom nach dem Botschafter des Kaisers an erster Stelle . Diese beiden Botschafter erhalten das gleiche Gehalt und werden ansonsten gleich behandelt. Es gibt mehrere Höfe, an denen die französischen Botschafter bestimmten gleichberechtigten Fürsten im Land die Hand reichen: In Spanien finden wir zum Beispiel die Granden; in London die Peers of the Realm; in Schweden und in Polen die Senatoren und Großoffiziere; aber den Unterhändlern im Rang eines Gesandten wird diese Höflichkeit nicht zuteil. Der König entsendet keinen Gesandten in die Kurfürstentümer Deutschlands, sondern führt seine Verhandlungen mit ihnen lediglich durch Gesandte.

Außergewöhnliche Gesandte.

Außerordentliche Gesandte sind öffentliche Minister, die nicht das allein mit dem Titel eines Botschafters verbundene Präsentationsrecht besitzen, aber die gleiche Sicherheit und Immunität nach dem Völkerrecht genießen. Sie reisen nicht wie Botschafter in eine ausländische Hauptstadt ein, sondern werden dem König vom diplomatischen Gerichtsdiener in Audienzen vorgestellt, der sie in einer der Kutschen des Königs von ihrer Privatresidenz abholt. Sie sprechen stehend und unbedeckt zu Seiner Majestät, während der König selbst sitzt und bedeckt ist. Der Kaiser hingegen empfängt die Gesandten des Königs stehend und bedeckt und bleibt während der gesamten Audienz in diesem Zustand, wobei nur der Gesandte aller Anwesenden unbedeckt steht ... Gelegentlich wird den Gesandten auch der Titel eines Bevollmächtigten verliehen was die Botschafter je nach Anlass betrifft. Beispielsweise erhalten die Minister, die der König auf dem Regensburger Landtag entsendet, den Titel eines Bevollmächtigten, obwohl sie keine Botschafter sind. Einwohner sind auch öffentliche Minister, doch dieser Titel wurde etwas herabgestuft, da sowohl am französischen Hof als auch am Hof des Kaisers zwischen ihnen und Gesandten unterschieden wurde, mit dem Ergebnis, dass fast alle ausländischen Unterhändler in Frankreich den Titel trugen Die Bewohner haben es auf Befehl ihrer Herren aufgegeben und das Amt eines außerordentlichen Gesandten übernommen.

Dennoch findet sich der Titel immer noch in Rom und an anderen Höfen und Republiken, wo die Bewohner als Gesandte behandelt werden.

Geheime Gesandte.

Es gibt bestimmte geheime Gesandte, die nur in Privataudienzen empfangen werden, aber die gleiche Immunität wie öffentliche Gesandte genießen und von dem Moment an, in dem sie ihr Beglaubigungsschreiben vorlegen, als öffentliche Minister anerkannt werden. Es gibt auch Sekretäre und Bevollmächtigte, die dem Gericht für verschiedene Formen öffentlicher Angelegenheiten zugeteilt sind, die jedoch in Frankreich nicht vom König in Audienz empfangen werden; Sie erledigen alle ihre Geschäfte mit dem Außenminister oder dem Außenminister, und obwohl sie selbst nicht als Minister eingetragen sind, genießen sie auch den Schutz und die Immunität nach internationalem Recht, die ausländischen Botschaftern gewährt werden. Kein Untertan des Königs kann als Minister oder Vertreter eines ausländischen Fürsten empfangen werden, noch kann er seine Angelegenheiten in Frankreich regeln, es sei denn als Agent des Staatssekretärs, mit der einzigen Ausnahme ist der Botschafter von Malta, der normalerweise ein französisches Mitglied ist des Ordens, und dem der König das Recht einräumt, als Vertreter des Großmeisters des Ordens, der selbst als Inhaber souveräner Rechte anerkannt ist, in der öffentlichen Audienz bedeckt zu bleiben .

Agenten kleiner Staaten.

Nur Fürsten und souveräne Staaten haben das Recht, ihre Boten mit dem Charakter eines Botschafters, Gesandten oder Residenten auszustatten. Die Vertreter der Kleinstaaten oder der Freistaaten heißen Deputierte; Sie sind keine öffentlichen Minister und unterliegen wie jeder Privatmann der Gerichtsbarkeit des Landes. Sie genießen keine Immunität nach dem Völkerrecht, obwohl Deputierten aus Provinzen und freien Städten gewohnheitsmäßig während ihrer Deputation Immunität und Sicherheit gewährt werden , als Beweis für den guten Willen des Fürsten bei Verhandlungen. Ebenso können Privatpersonen mit Reisepässen frei von Belästigungen reisen. Es gibt in Italien bestimmte Staaten, die, obwohl sie weder souveräne Mächte noch einem anderen Souverän unterworfen sind, sich dennoch das Recht vorbehalten haben, Gesandte mit dem Titel eines Botschafters an den Souverän zu entsenden, unter dessen Herrschaft sie leben. Dies sind die Städte Bologna und Ferrara, die auf diese Weise diplomatische Gesandtschaften zum Papst entsandten, und die Stadt Messina, die sich vor dem letzten Aufstand das Recht vorbehielt, Gesandte zum König von Spanien zu entsenden. Es gibt auch mehrere spanische Städte, die dieses Recht derzeit nicht behalten. Diese Botschafter von Staaten oder unterworfenen Provinzen ähneln in gewisser Weise denen, die das

römische Volk aus seinen eigenen freien Provinzen, aus den der römischen
Herrschaft unterstehenden Städten und Kolonien, empfing und denen der
Name Legati gegeben wurde, ein Name, der noch *heute* vorkommt alle
lateinischen diplomatischen Dokumente. Es gibt bestimmte freie Städte wie
Hamburg und Lübeck, die Beauftragte an bestimmte Fürsten entsenden; In
der Regel handelt es sich jedoch lediglich um Handelsvertreter, die sich mit
Geschäftsangelegenheiten wie dem Kauf und Verkauf von Waren und den
Bedingungen von Wechselbriefen befassen.

Vorrang.

Obwohl nun die Position eines außerordentlichen Botschafters ehrenhafter
ist als die des gewöhnlichen Botschafters, werden sie praktisch gleich
behandelt, wenn zwischen den Fürsten, die sie vertreten, Gleichheit besteht.
Der Titel „Außerordentlicher" gewährt keine andere Überlegenheit
gegenüber dem „Botschafter-Ordinarius", außer in reinen Rangfragen.
Außerordentliche Gesandte und Residenten stehen in etwa in der gleichen
Beziehung, das heißt, dass der Resident eines Fürsten höheren Ranges
Vorrang vor dem außerordentlichen Gesandten eines Fürsten niedrigeren
Ranges hat. Allerdings ist es zwischen Botschaftern und Gesandten nicht
dasselbe. Der Gesandte eines gekrönten Hauptes muss den Ehrenplatz dem
Botschafter eines geringeren Herrschers überlassen, wie im folgenden
Beispiel. Ein Gesandter des Kaisers am französischen Hof nahm vor einigen
Jahren bei einem öffentlichen Fest an dem Platz Platz, der dem Gesandten
des Herzogs von Savoyen vorbehalten war, und machte aufgrund des
Rangunterschieds zwischen beiden seinen Anspruch darauf geltend ihre
jeweiligen Meister; aber der Streit wurde zugunsten des Botschafters
entschieden , der einen höheren Rang innehatte, ohne Rücksicht auf den
Rangunterschied ihrer jeweiligen Fürsten; und der Gesandte des Kaisers war
gezwungen, die Position, die er eingenommen hatte, zu verlassen und sie dem
Gesandten von Savoyen zu überlassen.

Der Titel der Exzellenz.

Der Titel „Exzellenz" wurde außerordentlichen und ordentlichen
Botschaftern verliehen, Gesandten wird er jedoch nicht verliehen, es sei
denn, sie beanspruchen ihn aus einem anderen Grund, beispielsweise weil sie
Staatsminister oder Senatoren oder andere hohe Beamte eines Königshauses
sind Gericht. Dieser Exzellenztitel wird am französischen Hof nicht
allgemein verwendet, wie dies in Spanien, Italien und Deutschland sowie in
den Königreichen des Nordens der Fall ist, und in Frankreich werden Sie nur
Ausländer finden, die sich an die Minister des Königs oder andere Beamte
des Hofes wenden mit diesem Titel. Aber ausländische Unterhändler aller
Art werden mit diesem Titel als Zeichen der Höflichkeit gegenüber dem
Rang, den sie innehaben, angesprochen.

Der Gerichtshof von Rom verfügt über drei verschiedene Titel, mit denen der Rang seiner Minister an ausländischen Gerichten gekennzeichnet wird. Die erste ist die des *Legato a latere* , die zweite die des Ordentlichen oder Außerordentlichen Nuntius und die Dritte ist die des Internuncio. Der erste von ihnen ist immer ein Kardinal, dem der Papst in der Regel weitreichende Befugnisse sowohl für die Angelegenheiten der päpstlichen Diplomatie als auch für die Verwaltung von Dispensen und anderen Privilegien des Heiligen Stuhls einräumt. Sie werden an allen katholischen Höfen mit außerordentlichen Ehren empfangen : In Frankreich werden sie bei ihrer Präsentation von den Fürsten des Geblüts begleitet; Sie bleiben sitzend und bedeckt in Audienz beim König, während sowohl Botschafter als auch päpstliche Nuntien im Stehen mit ihm sprechen. Diese Legaten genießen eine weitere Ehre , die weder Nuntien noch Botschaftern in Frankreich zuteil wird, nämlich das Recht, beim Empfangsbankett, das Seine Majestät ihnen zu Ehren veranstaltet, am Tisch des Königs zu essen . Das Kreuz wird vor ihnen getragen, um ihre kirchliche Jurisdiktion zu kennzeichnen, die jedoch in Frankreich streng begrenzt ist und in bestimmten Fällen zur Überprüfung päpstlicher Bullen beim Pariser Parlament anerkannt wird, dem sie diese vorlegen müssen, bevor sie dies versuchen sie in Kraft setzen. Sowohl ordentliche als auch außerordentliche Nuntien sind in der Regel Prälaten im Rang eines Erzbischofs oder Bischofs. Sie werden von einem Prinzen königlichen Geblüts bei ihrer ersten und letzten Audienz beim König empfangen und vorgestellt, wobei zwischen dem außerordentlichen Nuntius und dem ordentlichen Nuntius kein Unterschied gemacht wird, mit der Ausnahme, dass ersterer Vorrang vor letzterem hat, wenn zwei Personen anwesend sind derselben Kammer. Nichtsdestotrotz bevorzugen die Prälaten des Hofes von Rom den Titel eines ordentlichen Nuntius an den Höfen Frankreichs, Spaniens und des Kaisers , weil dies ein kürzerer und sichererer Weg zum Kardinalshut ist, der das Ziel ihrer Bestrebungen ist . Was ihre Ernennung betrifft, so legt der Papst, wenn er einen ordentlichen Nuntius an den französischen Hof entsenden möchte, dem französischen Botschafter in Rom eine Liste mehrerer Würdenträger der Kirche vor, von der der König diejenigen ausschließen kann, die ihm nicht gefallen. Die päpstlichen Nuntien reichen in Frankreich dem Staatssekretär für auswärtige Angelegenheiten die Hand, nicht jedoch Bischöfen oder Erzbischöfen, die zu feierlichen Besuchen empfangen werden. Sie haben in Frankreich keine kirchliche Jurisdiktion in dem Sinne, wie sie sie in Wien, in Spanien, in Portugal, in Polen und in vielen anderen katholischen Staaten besitzen, wo sie in verschiedenen Fällen als gültige Richter anerkannt sind und die Macht haben Dispensation in gleicher Weise wie die Erzbischöfe oder der Diözesanbischof. In Frankreich haben sie nur das Recht, das Glaubensbekenntnis derjenigen entgegenzunehmen, die der König zu

Bistümern ernannt hat, und sich über deren Leben und Gewohnheiten zu erkundigen.

Botschafter, Gesandte und Einwohner haben alle das Recht, die Religion ihres Königs frei auszuüben und ihre eigenen Staatsangehörigen, die im fremden Land leben, zu solchen Verordnungen zuzulassen. In Rechtsangelegenheiten unterliegen hochrangige Diplomaten nicht der Gerichtsbarkeit der Richter des fremden Landes, in dem sie wohnen, und sowohl sie als auch ihr Haushalt genießen die sogenannte Extraterritorialität, da ihre Botschaft sozusagen als das Haus des Königs betrachtet wird für sich selbst und als Zufluchtsort für seine Staatsangehörigen. Aber dieses Privileg bringt seine entsprechende Pflicht mit sich. Kein Vorwurf kann zu schwerwiegend sein für jene Geistlichen im Ausland, die dieses Asylrecht missbrauchen, indem sie böse gesinnte Personen unter ihrem Dach beherbergen, sei es solche, die wegen Verbrechens zum Tode verurteilt wurden, oder solche, die einer Angelegenheit nachgehen, die sie des Schutzes des Asyls unwürdig macht König. Der kluge Diplomat wird die Autorität seines Herrn nicht aus einem so abscheulichen Grund wie dem Versuch, einem Verbrecher Immunität zu verleihen, gefährden. Es muss für ihn ausreichen, dass sein eigenes Asylrecht unangetastet bleibt, und er darf es nur in außergewöhnlichen Fällen im Dienste seines Herrn und niemals zu seinem eigenen privaten Vorteil nutzen. Andererseits muss der König seinen Richtern, Gerichtsvollziehern oder Privatpersonen ausdrücklich verbieten, in der Person eines ausländischen Gesandten, der stets unter dem Schutz des Völkerrechts steht, gegen das Völkerrecht zu verstoßen . Und wo immer eine Beleidigung einem ausländischen Gesandten zugefügt wird, muss der Fürst selbst diese unbedingt in der gleichen Weise wiedergutmachen, wie er eine Gegenleistung für eine ähnliche Beleidigung seines eigenen Ministers im Ausland erwarten würde.

Es kommt manchmal vor, dass Minister das Recht auf freien Durchgang, das sie für ihre eigenen Lebensmittel und die für ihre Niederlassung notwendige Ausrüstung besitzen, missbrauchen, um einen geheimen Handel zu betreiben, aus dem sie große Gewinne ziehen, indem sie ihren Namen für Betrüger leihen. Diese Art von Profit ist des öffentlichen Ministers völlig unwürdig und lässt seinen Namen sowohl in der Nase des Königs, zu dem er gesandt ist, als auch in der Nase seines eigenen Prinzen stinken. Ein kluger Minister kann durchaus damit zufrieden sein, die großen Privilegien zu genießen, auf die er in jedem fremden Land Anspruch hat, ohne zu versuchen, sie für seinen eigenen Profit zu missbrauchen oder jeden Betrug zu befürworten, der unter dem Schutz seines Namens begangen wird. Die spanische Regierung war vor einigen Jahren gezwungen, diese Privilegien für alle in Madrid ansässigen ausländischen Gesandten streng zu regeln, und die Republik Genua hielt es für notwendig, die gleichen, etwas demütigenden Vorsichtsmaßnahmen zu treffen, um Diplomaten am illegalen Handel zu hindern. Die durch das Völkerrecht den Gesandten im Ausland verliehenen Privilegien gestatten die volle Freiheit bei der Erfüllung ihrer eigentlichen Pflicht , alles herauszufinden, was im Ratssaal Seiner Majestät vorgeht, und Schritte zu unternehmen, um enge Beziehungen zu denen aufzubauen, die am besten in der Lage sind, diese Informationen zu liefern , aber sie sind nicht so auszulegen, dass sie jeden Versuch einer Verschwörung gegen den öffentlichen Frieden abdecken; denn das gleiche internationale Recht, das die Person eines Diplomaten betrifft, muss auch für den Frieden und die Sicherheit des Königreichs gelten, in dem er akkreditiert ist. Deshalb wird der Diplomat vor jeder Handlung auf der Hut sein, die den Anschein erwecken könnte, die Autorität seines Namens oder Amtes würde revolutionären Verschwörungen oder anderen feindlichen Handlungen gegen den Frieden im Reich dienen. Sollte er diese Vorsichtsmaßnahme vernachlässigen, könnte es sein, dass er wie ein Feind behandelt wird.

Heinrich IV. und der Herzog von Savoyen.

Karl Emanuel, der erste Herzog von Savoyen, unterhielt in Frankreich gewisse Verbindungen zu einigen der wichtigsten Adligen am Hofe Heinrichs IV. und beteiligte sich mit ihnen an Verschwörungen und Intrigen. Er besuchte den französischen Hof unter dem Vorwand, dem König seinen Respekt zu erweisen, in Wirklichkeit jedoch mit der Absicht, seinen eigenen Einfluss zu verbreiten und seine eigenen Pläne zu stärken, die Heinrich IV. VERHINDERN SOLLTEN. daran zu hindern, ihn zur Wiederherstellung des Marquisats von Saluse zu zwingen , das er usurpiert hatte. Der König entdeckte die Intrige des Herzogs und hielt eine Kabinettssitzung zu diesem Thema ab. Der Rat war der Meinung, dass der Herzog einen falschen Freundschaftsbeweis betrieben hatte, um den Frieden des Reiches zu stören, und dass der König daher völlig berechtigt war, Hand an ihn wie an einen Feind zu legen, und zwar als Folge seiner Aufgrund seiner eigenen Taten könne der Herzog keine Immunität beanspruchen und der König sei daher berechtigt, ihn daran zu hindern, Frankreich zu verlassen, bis er die betreffende Markgrafschaft wiederhergestellt habe. Doch der König stimmte nicht mit seinen Ministern überein und sagte: „Der Herzog besuchte mich auf Bewährung." Wenn er seiner Pflicht nicht nachgekommen ist, möchte ich kein so böses Beispiel nachahmen, und ich habe in meinem eigenen Haus einen so guten Präzedenzfall, dass ich gezwungen bin, ihm zu folgen, anstatt dem Herzog zu folgen.' Dabei sprach er von Franz I. , der in einem ähnlichen Fall dem Kaiser Karl V. freie Durchreise durch Frankreich gewährte, ohne darauf zu bestehen, dass er das Herzogtum Mailand aufgeben sollte; und obwohl mehrere der damaligen Berater des Königs der Meinung waren, dass er die Gelegenheit nutzen sollte, um den Kaiser zur Wiederherstellung des Herzogtums zu zwingen, was er tatsächlich mehrmals versprochen hatte, zog es Franz I. vor, seine eigene Ehre ÜBER alles zu wahren anderes Interesse. Heinrich IV. handelte nach dem gleichen Prinzip; Er erlaubte dem Herzog von Savoyen, unbehelligt abzureisen, nachdem er ihn mit Ehrungen und Bewirtungen überhäuft hatte, doch sobald der Herzog an seinen eigenen Hof zurückgekehrt war, verlangte der König gemäß seinem Versprechen die Rückgabe des Marquisats von Saluse . Der Herzog weigerte sich, woraufhin der König in Savoyen einmarschierte, das gesamte Herzogtum besetzte und ihn dazu zwang, sein Wort zu halten, nicht nur in Bezug auf die Markgrafschaft, sondern auch in Bezug auf mehrere andere Teile, die er durch einen am 17. Dezember 1940 geschlossenen Vertrag an den König abtreten musste Lyon, am 17. Januar 1601.

Wiedergutmachung wegen Missbrauchs der Immunität.

Wer meint, dass man einem Souverän, der sein Wort gebrochen hat, Gewalt antun darf, wird sich leicht einreden, dass in einem ähnlichen Fall kein internationales Recht die Person eines bloßen Ministers schützen kann; aber diejenigen, die wirklich gut im Völkerrecht und in der Frage der Souveränitätsrechte unterrichtet sind, sind der Meinung, dass ein ausländischer Gesandter den Gesetzen des Landes unterliegt, in dem er lebt, und dass es nicht möglich ist, die Maschinerie des Staates gegen ihn in Gang zu setzen dass die einzige Wiedergutmachung für von ihm begangenes Unrecht darin besteht, sich an seinen Herrn zu wenden, und dass, wenn sein Herr die Wiedergutmachung verweigert, die Verantwortung bei ihm und nicht bei seinem Minister im Ausland liegen muss, der lediglich seinen Befehl ausführt. Es sei daran erinnert, dass sich dieses Privileg nicht nur auf die Botschafter selbst erstreckt, sondern oft auch auf ihre Bediensteten, wie das folgende Beispiel zeigt.

Die Merargue- Verschwörung.

König Heinrich IV. , den man als Vorbild für Fürsten nehmen kann, wurde vom Herzog von Guise vor der Merargue- Verschwörung gewarnt, bei der ein provenzalischer Gutsherr namens Merargue eine Vereinbarung mit Dom Balthazar de Zuniga, dem spanischen Botschafter, getroffen hatte, um die Stadt zu übergeben Marseille an die Spanier in einem Moment tiefen Friedens. Der König verhaftete nicht nur Merargue , sondern auch den Privatsekretär des spanischen Botschafters, einen Mann namens Bruneau. Beide wurden wegen Verschwörung verurteilt. Merargue wurde hingerichtet, und der König übergab den Privatsekretär an seinen eigenen Botschafter und sagte, dass er sich freuen würde, wenn Bruneau über die Grenze geschickt würde, obwohl er sich selbst das Recht vorbehielt, vom spanischen König Genugtuung für Bruneaus Vergehen zu verlangen .

Immunität eine Funktion der Souveränität.

Wenn nun Fürsten das Recht hätten, an ihren Höfen gegen ausländische Gesandte vorzugehen, würden sich diese niemals sicher fühlen, denn dann wäre es leicht, einen von ihnen unter fadenscheinigen Vorwänden loszuwerden, und der Präzedenzfall wäre einmal in einem guten Fall geschaffen würde sicherlich in vielen Fällen befolgt werden, in denen nichts als nutzloser Verdacht gegen den betreffenden Gesandten geäußert werden könnte. Dies wäre in der Tat das Ende aller Diplomatie. Natürlich ist es wahr, dass ein Geistlicher, der den Glauben bricht, nicht erwarten kann, dass andere ihm treu bleiben, insbesondere wenn er an Verschwörungen oder anderen Praktiken beteiligt ist, die sich gegen den Fürsten und die Sicherheit des Reiches richten, von dem ich gesprochen habe. Aber selbst in einem solchen Fall wird der weise Fürst das Völkerrecht nicht brechen, das stets respektiert werden sollte. Er wird lieber seine guten Dienste bei dem Gericht nutzen, von dem der irrende Gesandte gekommen ist, um ihn abzuziehen. Gleichzeitig ist es immer zulässig, einen treulosen Botschafter zu überwachen, um ihn an Praktiken zu hindern, die sonst dem Staat schaden würden, und natürlich wird ein kluger Botschafter andererseits sicherlich vermeiden, in solche Intrigen zu verfallen Denn gerade der Schutz, den er durch das Völkerrecht genießt, ist eine Garantie für seine Person und sein gutes Benehmen . Die darin enthaltenen Vorteile beruhen auf Gegenseitigkeit, und die darin enthaltenen gegenseitigen Pflichten sollten genauestens eingehalten werden. Wenn dies nicht der Fall ist, kann kein Völkerrecht einen intriganten Botschafter für immer gegen die Wut der Bevölkerung garantieren, sobald diese durch Misstrauen geweckt wird.

Sein Missbrauch untergräbt die wahre Diplomatie.

Aus all diesen Gründen ist der Minister zu bemitleiden, der von seinem Herrn den Befehl erhält, in einem fremden Staat Intrigen zu bilden, und er wird sein ganzes Können und seinen ganzen Mut benötigen, um solche Befehle auszuführen, ohne dabei in die Falle zu geraten. Es ist mit Recht gesagt worden, dass es keinen Dienst gibt, den ein Fürst nicht von guten Untertanen und treuen Ministern erwarten könnte, aber ein solcher Gehorsam kann nicht als Deckmantel für Handlungen gegen die Gesetze Gottes oder der Gerechtigkeit angesehen werden, die keine Versuche auch nur für einen Augenblick dulden gegen das Leben eines Fürsten oder gegen die Sicherheit des Staates oder jede andere unfreundliche Handlung, die unter dem Deckmantel des Schutztitels eines Botschafters begangen wird. Ein guter Botschafter wird Pläne dieser Art immer entmutigen, und wenn sein Herr daran festhält , kann und sollte er seinen Rückruf fordern und sich in die Dunkelheit zurückziehen, um eifersüchtig das böse Geheimnis seines Herrschers zu hüten. Um den meisten regierenden Herrschern gerecht zu werden, muss man sagen, dass sich nur wenige von ihnen auf derartige Vorhaben einlassen. Die überwiegende Mehrheit der Intrigen und Intrigen wird in fremden Staaten in ihrem Namen gemacht oder ihnen von ihren Ministern oder von klugen Diplomaten vorgeschlagen, die es unternehmen, sie auszuführen und durch sie dem Fürsten selbst große Vorteile zu verschaffen. Aber diese Diplomaten sind oft die ersten, die in die von ihnen selbst gestellten Fallen tappen und dann niemandem Mitleid bereiten. Es lassen sich zahlreiche Beispiele dieser Art anführen, und ich denke, niemand wird die Wahrheit meiner Beobachtung in Frage stellen, wenn ich sage, dass in neun von zehn Fällen Diplomaten, die solche Ratschläge geben, eher von persönlichem Ehrgeiz oder kleinlicher Bosheit als von wahren Interessen angetrieben werden der Nation, der sie dienen.

Geheimdienst Kein Missbrauch der Immunität.

Aber lassen Sie mich nicht missverstehen: Es besteht ein gewaltiger Unterschied zwischen dem Versuch, die Untertanen eines souveränen Fürsten zu betrügen, um sie in eine Verschwörung gegen ihn zu verwickeln, und dem legitimen Versuch, jede Gelegenheit zur Informationsbeschaffung zu nutzen . Die letztgenannte Praxis war schon immer zulässig und ist in der Tat ein notwendiger Bestandteil der Diplomatie. Einem ausländischen Gesandten, der diese Praxis erfolgreich anwendet, kann keine Kritik widerfahren; Der einzige Schuldige in einem solchen Fall ist der Bürger eines ausländischen Staates, der aus korrupten Motiven Informationen ins Ausland verkauft. Abgesehen von völkerrechtlichen Erwägungen erfordert das Interesse des öffentlichen Friedens die Wahrung der Privilegien ausländischer Gesandter, denn sonst würde es noch häufiger zu Kriegen kommen, weil kein Fürst zulassen würde, dass Beleidigungen seiner Minister ungestraft bleiben. Sie sind zu Recht verärgert, und der Prinz kann für einen Moment der Leidenschaft mit seinem eigenen Seelenfrieden und der Ruhe seiner Untertanen teuer bezahlen. Er braucht jedoch nichts weiter zu tun, als Genugtuung für das schlechte Verhalten eines ausländischen Gesandten zu verlangen, und wenn er berechtigten Grund zur Beschwerde hat, wird er diese wahrscheinlich erhalten. In jedem Fall wird die Entlassung oder Abberufung eines Botschafters als deutliche Lektion für alle seine Kollegen in der Diplomatie verstanden, die dann verstehen werden, dass der Preis für schlechtes Verhalten die Demütigung der Entlassung ist.

Die Referenzen eines Botschafters.

Wenn ein Botschafter an einen ausländischen Hof geschickt wird, überreicht ihm sein Herr einen an den ausländischen Prinzen adressierten Brief, in dem er ihn bittet, dem Überbringer des Briefes die gleiche Glaubwürdigkeit zu schenken wie seinem Verfasser. Diese Depesche wird als Beglaubigungsschreiben bezeichnet, das somit die Identität seines Überbringers feststellt und als Markenzeichen seines Amtes gilt. In Frankreich gibt es zwei Arten von Beglaubigungsschreiben: eines namens „*Lettre de Cachet*", das vom Außenminister versandt und gegengezeichnet wird, und manchmal auch „*Lettre de la Chancellerie*" genannt . Das andere ist von einem der königlichen Privatsekretäre handschriftlich verfasst und vom König selbst unterzeichnet; Es wird von jedem Minister gegengezeichnet und in der Regel direkt in Privataudienz dem ausländischen Fürsten übergeben, an den es gerichtet ist. Der erste Brieftyp wird in einer feierlichen öffentlichen Audienz präsentiert. Wenn ein Unterhändler von seinem Fürsten in einen freien Staat oder eine Versammlung berufen wird, die zu diesem Zweck wie ein Gericht behandelt wird, erhält er keine Beglaubigungsschreiben, sondern sein Charakter und seine Identität werden in seinen vollen Befugnissen vollständig festgestellt. die er bei seiner Ankunft mit den Ministern austauschen muss. Bei der Vollmacht handelt es sich um eine Ermächtigung des Fürsten an seinen Vertreter im Ausland, alle Arten öffentlicher Geschäfte zu tätigen, deren Ergebnisse der Souverän selbst durch den Bevollmächtigten seines Ministers anzunehmen bereit ist; aber in der Regel wird bei solch umfassenden Befugnissen die jeweilige zu diskutierende Angelegenheit sorgfältig spezifiziert und die Handlungsbefugnis darauf beschränkt.

Volle Kräfte.

Es gibt zwei Arten uneingeschränkter Befugnisse: Die eine geht direkt vom Souverän aus und die andere von seinen Stellvertretern, das heißt seinen Staatsministern, die über ausreichende Befugnisse verfügen, um in seiner Abwesenheit Bevollmächtigte zu ernennen. Solche Befugnisse sind insbesondere dort wünschenswert, wo die Staaten weit voneinander entfernt liegen. Bei solchen Verhandlungen wie denen zwischen dem Gerichtshof von Madrid und den Niederlanden oder den verschiedenen italienischen Staaten liegt der Vorteil dieses Verfahrens auf der Hand ... Pässe sind natürlich lediglich Briefe, die die Identität und Treu und Glauben der Person eindeutig belegen vom Repräsentanten des Staates, und sie werden auch in Kriegszeiten gegeben, um den Ministern, die Verhandlungen führen, die zum Frieden führen können, eine sichere Passage zwischen Kriegsländern zu gewährleisten ...

Anweisungen.

Die Weisung ist ein schriftliches Dokument, das eine Darlegung der wesentlichen Absichten des Fürsten oder des Staates enthält; Es ist als allgemeine Erinnerungshilfe und allgemeine Verhaltensanleitung zu betrachten. Es ist geheim und muss unter der Kontrolle des Empfängers bleiben, obwohl es natürlich Gelegenheiten gibt, bei denen er den Befehl erhält, bestimmte Teile davon einem Außenminister oder einem ausländischen Prinzen mitzuteilen. Eine solche Kommunikation wird in der Regel als ein Zeichen besonderen Vertrauens angesehen, andererseits kommt es jedoch häufig vor, dass zwei Anweisungen gegeben werden, eine die scheinbare, das heißt, sie ist so formuliert, dass sie anderen gezeigt werden kann Fürsten und das andere Geheimnis, das die wahren und endgültigen Absichten des Prinzen selbst enthält. Aber selbst die letztere Art von Anweisungen kann sich durch die täglichen Depeschen ändern , die der Unterhändler von zu Hause erhält und die als viele neue Anweisungen verstanden werden sollten, die in Übereinstimmung mit den Berichten erstellt wurden, die er seinem eigenen Gericht übermittelt hat. Daraus folgt, dass die Art der Berichte, die ein Verhandlungsführer an seine Heimatregierung sendet , großen Einfluss auf die Art der Anweisungen hat, die er von Zeit zu Zeit erhält.

Mündliche Anweisungen.

Der Außenminister zieht es vielleicht vor, die Anweisungen und Absichten seines königlichen Herrn nicht schriftlich festzuhalten, sondern sie mündlich zu übermitteln, weil er dann entsprechend den jeweiligen Umständen eine größere Interpretationsfreiheit hat, als wenn er gebunden wäre durch das geschriebene Wort. Darüber hinaus besteht die Gefahr, dass solche Anweisungen, wenn sie zu Papier gebracht werden, wissentlich oder unwissentlich in die Hände eines ausländischen Diplomaten der Gegenpartei gelangen. Die dadurch entstehenden Risiken sind zu offensichtlich, als dass ich sie besonders hervorheben müsste. Werden die Weisungen hingegen in mündlicher Form belassen, können sie zumindest zurückgewiesen werden, wenn durch ihre Bekanntgabe an einen feindlichen Fürsten eine gefährliche Situation entstehen würde. Es gibt natürlich Fälle, in denen es unmöglich ist, sich nicht dazu zu verpflichten, Anweisungen an einen Bevollmächtigten schriftlich zu erteilen, aber es ist eine gute Regel bei allen Verhandlungen, die Erteilung formeller und verbindlicher Anweisungen auf einen möglichst späten Zeitpunkt der Verhandlungen zu verschieben dass die allgemeinen Leitlinien, nach denen voraussichtlich vorgegangen wird, dem Minister klar sind, der sie zur Anleitung des Botschafters ausarbeitet.

Ohne einen schwerwiegenden Verstoß gegen das Völkerrecht ist es nicht zulässig, einen Minister zu zwingen, seine Anweisungen vorzulegen, um seinen guten Glauben zu beweisen, und es ist einem Minister auch nicht gestattet, diese ohne ausdrückliche Anweisung seines Herrn in irgendeiner Form mitzuteilen. denn er kann sich voll und ganz auf sein Beglaubigungsschreiben verlassen, um sowohl seine Identität als auch seinen guten Glauben zu beweisen; Darüber hinaus verfügt er über umfassende Befugnisse, in denen das Geschäft seiner Verhandlungen stets vollständig beschrieben wird.

Nun mögen solche Anweisungen so vernünftig und klug sein, wie man es sich nur vorstellen kann, aber ihr Nutzen liegt in der klugen Interpretation durch den Diplomaten selbst; und wie ich bereits betont habe, wird der wirklich fähige Verhandlungsführer immer wissen, wie er die Befehle seines Herrn am besten ausführen kann, sodass die von ihm erhaltenen Anweisungen auf Informationen basieren können, die sowohl aktuell als auch angemessen sind. Obwohl die letztendliche Verantwortung für jeglichen Erfolg oder Misserfolg in der Diplomatie beim König und seinen Ministern im Inland zu liegen scheint, ist es dennoch wahr, dass der Einfluss, den sie haben, nur auf Informationen aus dem Ausland zurückzuführen ist Der Einfluss aufgeklärter Diplomaten auf die Handlungen und Absichten der Heimatregierung ist sehr groß. Unfähige Männer, die im Ausland agieren, werden selbst aus den brillantesten Anweisungen nichts machen; Fähige Männer können durch die Genauigkeit und Scharfsinnigkeit ihrer Berichte und Vorschläge viel dazu beitragen, selbst die mittelmäßigsten Anweisungen zu verbessern, und daher wird die Verantwortung für diplomatisches Handeln in Wirklichkeit zu etwa gleichen Teilen zwischen der Heimatregierung und ihren Bediensteten im Ausland geteilt. Die Heimatregierung kann nicht wissen, wann sich die Gelegenheit für angemessene Maßnahmen ergibt, und daher sollten die Berichte über ausländische Situationen, die in Depeschen von Diplomaten im Ausland übermittelt werden, so gestaltet sein, dass sie eine möglichst intelligente Beschreibung der Ereignisse bieten.

Was für eine erstaunliche Vielfalt und Ungleichheit gibt es im Verhalten der Menschen. Niemand, nicht einmal ein Staatsminister, würde daran denken, ein Haus ohne die Hilfe des besten Architekten und der besten Handwerker zu bauen, die er finden konnte; Am häufigsten kommt es jedoch vor, dass diejenigen, die mit der Abwicklung sehr wichtiger Staatsgeschäfte beauftragt sind, von denen das Wohl oder Wehe des gesamten Reiches abhängt, niemals daran denken, sie geschulten Köpfen anzuvertrauen, sondern sie dem ersten Ankömmling überlassen , sei es ein schlauer Architekt oder ein einfacher Steinhauer. Daher sind Minister und andere Autoritätspersonen in hohem Maße schuldig, wenn sie nicht die fähigsten und klügsten Männer für den auswärtigen Dienst des Staates gewinnen. Denn Fehler in der Diplomatie haben manchmal katastrophalere Folgen als Fehler in anderen Lebensbereichen, und wenn der Unterhändler das kommende Ereignis nicht intelligent erkennen kann, kann er sich selbst, seinen Herrn und sein Heimatland in eine unwiederbringliche Katastrophe stürzen.

Inkompetenz ist der Vater der Katastrophe.

Es ist ein Verbrechen gegen die öffentliche Sicherheit, Unfähigkeit nicht auszurotten, wo immer sie entdeckt wird, oder einem inkompetenten Diplomaten zu erlauben, einen Moment länger als nötig an einem Ort zu bleiben, an dem Kompetenz dringend benötigt wird. Fehler in der Innenpolitik lassen sich oft leichter beheben als Fehler in der Außenpolitik. Es gibt viele Faktoren in der Außenpolitik, die außerhalb der Kontrolle der Minister eines bestimmten Staates liegen, und alle außenpolitischen Maßnahmen erfordern größere Umsicht, größeres Wissen und weitaus mehr Scharfsinn, als dies in der Innenpolitik erforderlich ist. Daher kann die Regierung bei der Auswahl der Männer, die im Ausland dienen sollen, keine allzu große Sorgfalt walten lassen. Bei einer solchen Entscheidung muss sich der Außenminister wie ein Feuerstein gegen jeglichen familiären Einfluss und privaten Druck wehren, denn Vetternwirtschaft ist das Verdammnis der Diplomatie. Er ist gewissermaßen der Garant Seiner Majestät für diejenigen, die er als Diplomaten darstellt. Ihr guter Erfolg wird ihm Ehre erweisen, ihr Scheitern wird mit verdoppelter Wucht auf ihn niederprasseln und kann von ihm herkulische Anstrengungen erfordern, um den dadurch verursachten Schaden wiedergutzumachen. Daher ist es sowohl für den Außenminister selbst als auch für das Wohl des Staates von größtem Interesse, dafür zu sorgen, dass die hohen öffentlichen Ämter der Diplomatie nicht durch Intrigen und persönliche Kabalen besetzt werden, die an jedem Hof herrschen und die legen dem König oft unwürdige Instrumente seiner Politik in die Hände.

Der Diplomat bereitet sich auf eine Auslandsmission vor.

Depeschen seines Vorgängers einzuholen, damit er sich genau über die Sachlage informieren kann, mit der er sich befassen muss. Damit wird er in der Lage sein, den Faden wieder aufzunehmen und sowohl das Wissen als auch die vielfältigen persönlichen Beziehungen zu nutzen, die sich während der Amtszeit seines Vorgängers um die Botschaft herum angesammelt haben. Und da alle öffentlichen Angelegenheiten wie ein großes Netzwerk sind, das miteinander verbunden ist, ist es von größter Bedeutung, dass ein Diplomat, der einen ausländischen Posten antritt, ein vollständiger Meister der jüngsten Geschichte ist, sowohl in Bezug auf seinen eigenen Staat als auch in Bezug auf den Staat Beziehungen, die zwischen dem Land seines neuen Dienstes und allen Nachbarländern bestehen . Wenn der neu ernannte Diplomat daher die Depeschen seines Vorgängers sorgfältig gelesen hat , sollte er sich Notizen darüber machen und sich bemühen , die Schwierigkeiten vorauszusehen, auf die er sowohl bei so trivialen

Angelegenheiten wie einem neuartigen Zeremoniell als auch bei wichtigeren Angelegenheiten stoßen wird Staat, damit er sie mit seinem eigenen Außenminister besprechen und so die erdenkliche Aufklärung erhalten kann.

Er muss sein eigenes Außenministerium studieren.

Nun, egal wie weitsichtig ein Minister sein mag, es ist ihm unmöglich, alles vorherzusehen oder seinen Unterhändlern so ausführliche und gleichzeitig präzise Anweisungen zu geben, dass sie ihnen in allen Umständen, die auftreten könnten, Orientierung bieten. Daher ist es von größter Bedeutung, dass der neu ernannte Diplomat, der in ein fernes Land reist, vor seiner Abreise seine ganze Zeit darauf verwendet, die wahren Absichten und Absichten seines eigenen Außenministeriums herauszufinden. Mit einem Wort, er sollte seinen Geist mit den Gedanken seines Meisters durchdringen. Er sollte nicht nur diejenigen konsultieren, die an dem ausländischen Gericht, an das er sich wenden will, diplomatische Aufgaben erfüllt haben, sondern es sollte ihm auch besonders am Herzen liegen, Kontakt zu denjenigen aufrechtzuerhalten, die in irgendeiner Qualität im Land gelebt haben, und von ihnen zu profitieren ihnen alles Wissen, das sie besitzen mögen. Selbst der bescheidenste dieser Menschen kann ihm möglicherweise Informationen geben, die ihm helfen, sein Verhalten im Ausland zu regeln. Und vor seiner Abreise sollte er auf jeden Fall eine Bekanntschaft mit dem Botschafter des Landes machen, in das er reisen will, damit er von ihm private Empfehlungsschreiben erhält und um ihn darüber hinaus von seinem Vorhaben zu überzeugen Seinen ernsthaften Wunsch, alles in seiner Macht stehende zu tun, um gute Beziehungen zwischen den beiden Staaten aufzubauen. Er sollte dem betreffenden ausländischen Botschafter mitteilen, dass er keine Gelegenheit verpassen wird, vom Erfolg seiner Mission und der Wertschätzung, die er im Inland gewonnen hat, Zeugnis abzulegen. Auf diese Weise wird er in seinem neuen Arbeitsumfeld schnell neue und einflussreiche Freunde gewinnen können . Denn es ist eine Selbstverständlichkeit der menschlichen Erfahrung, dass Menschen tun, was sie tun: Gegenseitigkeit ist die sicherste Grundlage der Freundschaft.

Wahl eines Stabes.

Der sorgfältige Diplomat wird der Wahl seiner Diener die gleiche Aufmerksamkeit schenken wie wichtigeren Themen. Die Menschen um ihn herum müssen ihm zur Ehre gereichen. Ein wohlgeordneter Haushalt, der von zuverlässigen und gut erzogenen Personen bedient wird, ist ein gutes Aushängeschild sowohl für den Botschafter als auch für das Land, aus dem er kommt, und damit sie keine Entschuldigung für schlecht geregeltes Verhalten haben, sollte er einen hohen Wert ansetzen ihnen in seiner eigenen Person ein Beispiel vor Augen. Seine Wahl eines Privatsekretärs ist vielleicht die wichtigste von allen, denn wenn er benommen, leichtfertig oder indiskret ist, kann er seinem Herrn irreparablen Schaden zufügen; Und wenn er eine Person ist, die Gefahr läuft, sich zu verschulden, kann seine Verlegenheit die Ursache für sehr ernste Probleme sein. Vor einigen Jahren verkaufte der Privatsekretär eines französischen Botschafters die private Chiffre der Botschaft für eine große Summe, um seine Schulden zu begleichen. So wurden die Depeschen des Botschafters abgefangen und verlesen, was sehr schwerwiegende Folgen für die Beziehungen zwischen den beiden Ländern hatte, obwohl das offensichtliche Interesse beider Länder in der gleichen Richtung lag. Die Notwendigkeit, treue und fähige Männer als Sekretäre zu haben, hat zu der Überzeugung geführt, dass es sehr nützlich wäre, sie als Teil des öffentlichen Dienstes des Königs zu etablieren und so einen Brauch wiederherzustellen, der vor einiger Zeit abgeschafft wurde in Frankreich. Dies wäre eine wünschenswerte Praxis, da dadurch eine große Anzahl von Männern für den diplomatischen Dienst der Krone ausgebildet werden könnte, aus denen Botschafter und Gesandte gewonnen werden könnten. Dies ist in mehreren anderen Ländern gängige Praxis und führt zweifellos zu einer Verbesserung des gesamten diplomatischen Dienstes. Denn wenn die Sekretäre und Attachés von der Regierung des Königs ausgewählt und bezahlt werden , neigen sie dazu, eine sorgfältige Effizienz und *einen Korpsgeist zu erlangen* , die den besten Schutz für seine Geheimnisse bieten. Und es liegt auf der Hand, dass, solange die Wahl dieser Personen allein der persönlichen Entscheidung des Botschafters überlassen bleibt, immer die Gefahr besteht, dass er nicht in der Lage sein wird, eine ausreichende Summe anzubieten, um die Dienste guter Männer in Anspruch zu nehmen. Daher ist die angemessene Bezahlung und ordnungsgemäße offizielle Anerkennung solcher Nachwuchsdiplomaten ein notwendiger Bestandteil jeder echten Reform des Auswärtigen Dienstes, und es wäre für die meisten Botschafter sicherlich eine große Erleichterung, ihnen die Verantwortung für die Wahl sowie die Last von den Schultern zu nehmen Sekretäre für ihre Dienste zu bezahlen. Der Staat wird sich sicherlich gut lohnen, wenn eine solche Politik, wie ich sie vorschlage, angenommen wird, denn dann wird die Diplomatie zur Schule, in der gute Arbeiter schnell den Umgang mit ihren Werkzeugen erlernen.

Erste Schritte am Auswärtigen Gericht.

Bei seiner Ankunft an einem ausländischen Hof sollte ein Verhandlungsführer sich und seine Mission zum frühestmöglichen Zeitpunkt den zuständigen Behörden bekannt geben und eine Privataudienz beim Prinzen beantragen, damit dieser sofort Kontakt aufnehmen und so den Weg für gute Beziehungen ebnen kann zwischen seinem Herrn und dem fremden Herrscher. Wenn er die notwendigen Schritte zu diesem Zweck unternommen hat, sollte er es nicht eilig haben, wichtige Schritte zu unternehmen, sondern vielmehr das *Gelände studieren* . Zu diesem Zweck sollte er ein wachsamer, stiller Beobachter der Gewohnheiten des Hofes und der Regierung bleiben, und wenn er sich in einem Land aufhält, in dem der Prinz wirklich der Herrscher ist, sollte er mit größter Sorgfalt das gesamte Leben und die Gewohnheiten dieses Landes studieren Letzteres; Denn Politik ist nicht nur eine Frage höchst unpersönlicher Absichten, sie ist eine ungeheure Komplexität, in der die Neigungen, Urteile, Tugenden und Laster des Fürsten selbst eine große Rolle spielen. Es wird immer wieder Gelegenheiten geben, in denen der geschickte Verhandlungsführer, der sich dieses Wissen angeeignet hat, es mit größtmöglicher Wirkung einsetzen kann. Und er sollte seine eigenen Schlussfolgerungen überprüfen, indem er diskret Notizen mit anderen ausländischen Unterhändlern desselben Gerichts vergleicht, insbesondere wenn sie dort schon seit langem ansässig sind. Bis zu einem gewissen Grad ist die Zusammenarbeit ausländischer Botschafter nicht nur zulässig, sondern wünschenswert und notwendig. Und da kein Fürst, nicht einmal der autokratischste, seine Regierungspflichten völlig allein wahrnimmt, ohne sich einem oder mehreren bevorzugten Ministern anzuvertrauen, sollte es sich der Verhandlungsführer zur Aufgabe machen, einen Großteil der Minister und Vertrauten rund um den König zu kennen, die sein volles Potenzial haben Vertrauen, denn wie oben beschrieben sind persönliche Qualitäten, Meinungen, Leidenschaften, Vorlieben und Abneigungen allesamt relevante Studienfächer und sollten von jedem Verhandlungsführer, der es ernst meint, sorgfältig beobachtet werden.

Beziehungen zu Kollegen.

Wenn ein ausländischer Gesandter an einem Hof eintrifft und vom Prinzen empfangen wurde, sollte er alle anderen Mitglieder des Corps Diplomatique entweder durch einen Knappen seiner Suite oder durch einen Sekretär informieren. Sie werden ihm dann ihren ersten Besuch abstatten, aber er wird keine Besuche empfangen, bis er die Formalität erfüllt hat, jedem nacheinander seine eigene Ankunft anzukündigen; und an einem Hof, an dem es Gesandte mehrerer Könige gibt, sollte jeder bei seiner Ankunft zuerst dem französischen Gesandten seine Aufwartung machen, der überall den ersten Rang einnimmt. Die Spanier, die ein ganzes Jahrhundert lang jede Form der Schikane übernommen hatten, um der Anerkennung des französischen Vorrangs zu entgehen, der übrigens ein uraltes Recht des französischen Königs ist, erkannten ihn schließlich durch die öffentliche Erklärung Philipps IV . AN. an Seine Majestät im Jahr 1662 vom Marquis de la Fuente, dem spanischen Botschafter in Paris, der aus dem heftigen Streit in London zwischen dem Grafen d'Estrade und dem Baron de Vatville hervorging , nach dem kein spanischer Botschafter seiner Anwesenheit zustimmen wollte jede Zeremonie, an der der französische Botschafter teilnimmt. Es wurden verschiedene andere Versuche unternommen, die französische Vorherrschaft anzufechten, jedoch ohne Ergebnis ...

Bericht über erste Eindrücke.

Depesche getreulich niederlegen seiner Heimatregierung, indem er ein vollständiges Bild des Gerichts, wie er es sieht, darstellt und gleichzeitig die Schlussfolgerungen darlegt, die er aus seinen Beobachtungen gezogen hat. Er sollte es nicht versäumen, die Methoden anzugeben, nach denen er vorgehen will, oder die Mittel, die er einzusetzen gedenkt, um die Befehle auszuführen, die er erhalten hat. Gleichzeitig wird er es nicht versäumen, sein eigenes Wissen auf dem neuesten Stand zu halten und es zu nutzen, um alle möglichen Zugangswege zu dem Fürsten, bei dem er akkreditiert ist, oder zu seinen Ministern und Günstlingen zu finden und offen zu halten . Es besteht kein Zweifel, dass der sicherste und beste Weg für den Verhandlungsführer, gute Beziehungen aufzubauen, darin besteht, beiden Gerichten zu beweisen, dass ihre Verbindung von großem gegenseitigem Vorteil ist. Es ist das wesentliche Ziel der Diplomatie, einen solchen gegenseitigen Vorteil zu schaffen und die Politik zum Erfolg zu führen, indem die Zusammenarbeit derjenigen sichergestellt wird, die andernfalls ihre Gegner wären. Mit Gewalt oder Betrug errungener Erfolg steht auf einem schwachen Fundament. Diplomatischer Erfolg hingegen, der mit Methoden erzielt wird, die beiden Seiten gegenseitige Vorteile bringen, muss nicht nur als fest begründet angesehen werden, sondern als sicheres Versprechen für weitere Erfolge. Ich bin jedoch nicht so dumm anzunehmen, dass diese Methode in jeder Situation angewendet werden kann. Es gibt Zeiten, in denen es für den Verhandlungsführer notwendig ist, den Hass, die Leidenschaften und die Eifersüchte derer auszunutzen, mit denen er zu tun hat, und daher wird es Gelegenheiten geben, in denen es einfacher und fruchtbarer ist, sich auf Vorurteile zu berufen als auf irgendeine Einschätzung der Wahrheit und dauerhafte Interessen der Betroffenen. Wie wir oben gesehen haben, stürzen sich sowohl Könige als auch Nationen oft aus Leidenschaft in rücksichtslose Politik und werfen in der Regel jede Rücksichtnahme auf ihre wahren Interessen über Bord.

Charakter und Launen des fremden Prinzen.

Die hohe Erhebung gekrönter Häupter hindert sie nicht daran, menschlich zu sein; und in der Tat macht es sie in mancher Hinsicht anfällig für bestimmte Schwächen, von denen geringere Männer aufgrund ihrer Stellung weitgehend frei sind. Es gibt einen gewissen Stolz auf die Stellung, ein gewisses arrogantes Selbstwertgefühl, das nur bei hochgestellten Personen zu finden ist und das bei Königen und Ministern am ausgeprägtesten ist. Aus diesem Grund und aufgrund der tatsächlichen Macht, die ihnen ihre hohe Stellung verleiht, sind Könige offen für Überredungen und Schmeicheleien, und zwar auf eine Art und Weise, wie sie Männern niedrigeren Ranges nicht zugänglich ist. Diese Überlegung muss der gute Verhandlungsführer immer im Kopf haben, der daher danach streben sollte, sich von seinen eigenen Gefühlen und Vorurteilen zu befreien und sich in die Position des Königs zu versetzen, damit er die Wünsche und Launen, die sein Handeln leiten, vollständig verstehen kann . Und wenn er das getan hat, sollte er sich sagen: „Wenn ich nun an der Stelle dieses Fürsten wäre, seine Macht ausübe und seinen Leidenschaften und Vorurteilen unterworfen wäre, welche Wirkung würden meine Mission und meine Argumente auf mich haben?" Je öfter er sich auf diese Weise in die Lage anderer versetzt, desto subtiler und wirkungsvoller werden seine Argumente sein. Und natürlich ist dieser Einsatz der Vorstellungskraft nicht nur in Meinungsfragen wertvoll, sondern insbesondere in allen persönlichen Aspekten, in denen die Macht, durch Schmeicheleien oder auf andere Weise Freude zu bereiten, wirksam ist.

Die Verwendung von Komplimenten.

Niemand wird vergessen, dass gekrönte Häupter und sogar ihre Minister selbst von Geburt an daran gewöhnt sind, sich den Menschen um sie herum zu unterwerfen und deren Respekt und Lob zu empfangen. Diese ununterbrochene Erfahrung des Gehorsams anderer führt dazu, dass sie gegenüber Kritik sehr empfindlich sind und nicht bereit sind, auf Widersprüche zu hören. Es gibt nur wenige Fürsten, denen es leicht fällt, die Wahrheit zu sagen, und da es nicht zu den Aufgaben des Unterhändlers gehört, außer in seltenen Fällen, an einem ausländischen Hof die Wahrheit zu sagen, wird er alles, was verletzen könnte, so weit wie möglich vermeiden der königliche Stolz, der das natürliche Ergebnis der Art und Weise ist, wie Fürsten erzogen werden. Andererseits wird er niemals leeres Lob aussprechen oder eine verwerfliche Tat applaudieren, und wo Lob gegeben wird, wie es verdient ist, muss der Verhandlungsführer wissen, wie er es in eine keusche und würdevolle Sprache kleiden kann. Und da Prinzen es gewohnt sind, ihr Lob ständig singen zu hören, werden sie zu Kennern des Lobes und zu guten Beurteilern eines zeitgemäßen Kompliments. Es ist die höhere Kunst des subtilen Höflings, seinem König ein gut formuliertes Kompliment zu machen und ihn vor allem, wenn er über echte Intelligenz verfügt, niemals für Eigenschaften zu loben, die er nicht besitzt. Jeder Narr kann sich durch wahlloses Lob die Wertschätzung eines Prinzen verdienen, der ebenfalls ein Narr ist. Weise Männer werden sich auf ihre eigenen Verdienste und auf den gesunden Menschenverstand des Königs verlassen, wo immer sie das Glück haben, einem so ausgestatteten Monarchen zu dienen. Einen König für die Dinge zu loben, die zu seiner Stellung gehören, wie Reichtum, geräumige Villen und feine Kleidung, ist bloße Dummheit. Ein König, der es wert ist, gelobt zu werden, wird Ihr Lob nur wertschätzen, wenn es Eigenschaften zuteil wird, von denen er weiß, dass sie lobenswert sind. In dieser Angelegenheit muss der Verhandlungsführer weltgewandt genug sein, um stets daran zu denken, dass die Gunst der Hofdamen mit anderen Mitteln gewonnen werden kann als mit denen seiner Majestät oder der Minister. Und da die Annäherung an den König und seine Minister, wie ich an anderer Stelle ausgeführt habe, vielleicht am einfachsten durch weiblichen Einfluss erfolgen kann, wird der Verhandlungsführer sorgfältig den Charakter und die Schwächen aller Damen am Hof studieren, um diese nützlich zu halten und attraktive Möglichkeiten stehen ihm offen.

Basteln Sie am Kartentisch.

Die Methoden, Vergnügen zu bereiten, müssen, wie gesagt, unterschiedlich sein. Einer der berühmtesten und scharfsinnigsten Botschafter unserer Zeit, ein Freund von mir, versäumte nichts, aber er pflegte zu sagen, dass es keinen sichereren Weg zum Wohlwollen eines Herrschers gebe, als ihm zu erlauben, beim Kartenspiel zu gewinnen. Tisch, und dass viele große Unternehmungen durch den kleinen Haufen Goldmünzen, die von ihm an seinen königlichen Gegner am Spieltisch weitergegeben wurden, zum Erfolg geführt wurden. Mein Freund pflegte im Scherz zu sagen, er habe sich an ausländischen Kartentischen zum Narren gehalten, um zu beweisen, dass er zu Hause ein kluger Mann sei! Sein Scherz trug eine Wahrheit in sich, von der ich hoffe, dass sie sich jeder Unterhändler zu Herzen nimmt ...

Vernünftige Bitten.

Die von mir oben dargelegten Klagegründe sind meines Erachtens in den meisten Situationen anwendbar, aber natürlich sind Abweichungen zu beobachten. Es ist für einen Verhandlungsführer nicht immer leicht, sich beim Verlassen seines Zuhauses daran zu erinnern, wie groß der Unterschied zwischen seinem eigenen Gericht und dem ist, an das er geht. Denn unabhängig davon, ob das fremde Land, das seine neue Heimat ist, auf Augenhöhe mit seinem eigenen Land steht oder ob es sich um eine Macht von niedrigerer Stellung in der Welt handelt, müssen die enormen Unterschiede in der nationalen Anschauung zwischen ihnen vollständig verstanden werden, bevor der Verhandlungsführer Fortschritte erzielen kann. Daher ist es seine erste Aufgabe, unabhängig von der Größe und Pracht des Hofes, bei dem er akkreditiert ist, die allgemeine Gunst zu gewinnen , indem er ein echtes und aufrichtiges Interesse am Wohlergehen seiner neuen Mitarbeiter und an allen Bräuchen des Hofes zeigt und die Gewohnheiten der Menschen; und bei seiner Ankunft sollte er sich bereit zeigen, Informationen sowohl mit seinen neuen Kollegen im Corps Diplomatique als auch mit den Ministern des Königs, zu dem er geschickt wurde, auszutauschen. Lassen Sie mich darauf beharren . Es ist zu beobachten, dass es nicht unwahrscheinlich ist, dass diejenigen, die Geheimnisse preiszugeben haben, umso freier mit ihm sprechen, wenn ein

Verhandlungsführer den Ruf hat, zu vielen Themen frei zu sprechen. Ein mir bekannter Verhandlungsführer, den ich sehr schätze, sagte einmal: „Diplomatie ist wie eine Kette von zehn Gliedern, in der vielleicht nur eines fehlt, um sie zu vervollständigen: Es ist die Aufgabe des Diplomaten, das zehnte Glied bereitzustellen." Das ist wahr, und ich glaube, dass der Diplomat, der am wenigsten in Geheimnisse verwickelt ist, es am schnellsten und sichersten entdecken wird. Daher ist es wichtig, dass der Verhandlungsführer, der über alle Arten von Informationen verfügt, sich bei der Verwendung dieser Informationen von einem gesunden Urteilsvermögen leiten lässt. Er sollte sich darüber im Klaren sein , dass es bei allen Informationen nur ein oder zwei Dinge gibt, die von größter Bedeutung sind, und dass daher die Freiheit, mit der er den Rest nutzt, die Pläne seines Herrn in keiner Weise gefährden muss. Je freier er solche Informationen weitergeben kann und je sorgfältiger er Einzelpersonen lobt, desto sicherer werden die Menschen von ihm sagen, dass er ein verlässlicher Mensch ist und sich in Krisenmomenten an ihn wenden wird.

Die Geduld des Uhrmachers.

Jeder vernünftig denkende Mann möchte in den Augen derer, mit denen er Geschäfte abschließt, gut dastehen, und deshalb wird er all den Mitteln, die ich erwähnt habe, um den guten Willen der Menschen zu sichern, einige Mühe geben. Wenn er im Laufe seiner Arbeit feststellt, dass der Fürst selbst oder einer seiner Minister ihm gegenüber schlecht gesinnt oder in Diskussionen unnachgiebig ist, darf er sich aus diesem Grund nicht erlauben, den Fehler nachzuahmen, sondern muss seine Bemühungen in der Sache verdoppeln Gegenrichtung. Tatsächlich muss er sich wie ein guter Uhrmacher verhalten, wenn seine Uhr ausgefallen ist: Er muss sich bemühen , das Problem zu beheben oder auf jeden Fall seine Folgen zu umgehen. Er darf sich nicht von seinen eigenen Gefühlen täuschen lassen. Vorurteile sind in allen öffentlichen Angelegenheiten eine große Gefahr für Fehlinterpreten .

Ein hohes Ideal.

Es könnte scheinen, dass das Ideal, das ich jetzt für den Verhandlungsführer aufgestellt habe, zu hoch ist, als dass irgendein Mensch es erreichen könnte. Es ist wahr, dass kein Mensch seine Anweisungen jemals ohne Fehler ausführen kann, aber wenn er nicht ein Ideal als Führer vor sich hat, wird er mitten in verwirrende Angelegenheiten verwickelt sein, ohne dass es eine Regel für sein eigenes Verhalten gibt. Deshalb lege ich ihm folgende Überlegungen vor: dass er trotz aller Enttäuschungen und Verzweiflungen *gelassen agieren muss* ; er muss mit Geduld daran arbeiten, alle Hindernisse zu beseitigen, die ihm im Weg stehen, egal, ob sie durch Zufall oder höhere Gewalt oder durch die böse Absicht der Menschen dort platziert wurden; er muss einen ruhigen und entschlossenen Geist bewahren, wenn sich die Umstände der Ereignisse gegen ihn zu verschwören scheinen; Und schließlich muss er bedenken, dass er sich auf dem sicheren und geraden Weg in die Katastrophe befindet, wenn er einmal zulässt, dass sein Verhandlungsverhalten von seinen persönlichen oder empörenden Gefühlen geleitet wird. Mit einem Wort: Wenn die Ereignisse und die Menschen unfreundlich sind , darf er niemals daran verzweifeln, sie ändern zu können, und auch dann nicht, wenn sie seine Bemühungen belächeln, darf er sich der Illusion hingeben, dass ihre gute Gunst für immer anhalten wird .

Die zweifache Funktion des Verhandlungsführers.

Die Aufgaben eines Ministers, der auf Mission in ein fremdes Land entsandt wird, lassen sich in zwei Hauptkategorien einteilen: Die erste besteht darin, die Geschäfte seines Herrn zu führen, und die zweite besteht darin, die Geschäfte anderer zu entdecken. Die erste davon betrifft den Fürsten oder seine Staatsminister oder jedenfalls jene Stellvertreter, denen die Prüfung seiner Vorschläge anvertraut ist. Bei all diesen verschiedenen Arten von Verhandlungen muss er den Erfolg hauptsächlich durch sein geradliniges und ehrliches Vorgehen anstreben, denn wenn er versucht, durch Subtilität oder durch ein Gefühl der Überlegenheit gegenüber denen, mit denen er verhandelt, erfolgreich zu sein, kann es sehr wahrscheinlich sein, dass er sich selbst täuscht. Es gibt keinen Fürsten und keinen Staat, der nicht über einen klugen Gesandten verfügt, der seine wahren Interessen erkennt. Und tatsächlich gibt es selbst unter scheinbar am wenigsten gebildeten Menschen oft diejenigen, die ihre eigenen Interessen am besten kennen und ihnen mit der größten Konsequenz folgen. Deshalb darf der Verhandlungsführer, egal wie fähig er auch sein mag, nicht versuchen, solchen Personen ihr eigenes Geschäft beizubringen, sondern er sollte alle Ressourcen seines Geistes und seines Verstandes einsetzen, um ihnen den großen Vorteil der Vorschläge zu beweisen, die er zu machen hat .

Diplomatie und Handel mit Vorteilen.

Ein antiker Philosoph sagte einmal, dass die Freundschaft zwischen Menschen nichts anderes sei als ein Handel, bei dem jeder sein eigenes Interesse verfolge. Das Gleiche gilt oder sogar noch mehr für die Verbindungen und Verträge, die einen Souverän an einen anderen binden, denn es gibt keinen dauerhaften Vertrag, der nicht auf gegenseitigen Vorteilen beruht, und tatsächlich ist ein Vertrag, der diese Bedingung nicht erfüllt, überhaupt kein Vertrag, und ist geeignet, die Keime seiner eigenen Auflösung zu enthalten. Das große Geheimnis der Verhandlungen besteht also darin, den gemeinsamen Vorteil für beide Parteien eines Vorschlags deutlich hervorzuheben und diese Vorteile so zu verknüpfen, dass sie für beide Parteien gleichermaßen ausgewogen erscheinen. Zu diesem Zweck sollte bei Verhandlungen zwischen zwei Souveränen, von denen der eine größer und der andere kleiner ist, der Mächtigere von diesen beiden den ersten Schritt machen und sogar einen großen Geldaufwand auf sich nehmen, um die Interessenvereinigung mit den seinen herbeizuführen sein kleinerer Nachbar , denn sein eigenes Interesse wird ihm zeigen, dass er tatsächlich das größere Ziel und die größeren Vorteile im Auge hat und dass alle Vorteile, die er seinem schwächeren Verbündeten gewährt, oder Subventionen, die er seinem schwächeren Verbündeten gewährt, durch den Erfolg ohne weiteres zurückgezahlt werden seiner Entwürfe. Wie wir bereits sagten, besteht das Geheimnis der Verhandlung darin, die Interessen der beteiligten Parteien in Einklang zu bringen. Es ist klar, dass, wenn ein Verhandlungsführer die ehrliche und direkte Methode der Vernunft und Überzeugung ausschließt und im Gegenteil eine hochmütige und bedrohliche Art annimmt, ihm offensichtlich eine Armee folgen muss, die bereit ist, in das Land einzudringen, in dem er dies getan hat provokative Behauptungen. Ohne eine solche Machtdemonstration werden seine Ansprüche scheitern, auch wenn sie sich durch vorteilhafte Argumente bei dem Fürsten, an den er sich wandte, hätten durchsetzen können, und der sie vielleicht akzeptiert hätte, wenn sie auf andere Weise vorgebracht worden wären. Wenn ein Fürst oder ein Staat mächtig genug ist, seinen Nachbarn etwas vorzuschreiben, verliert die Kunst des Verhandelns ihren Wert, denn dann bedarf es nur noch einer bloßen Erklärung des Willens des Fürsten; Wenn jedoch ein Gleichgewicht der Kräfte herrscht, wird sich ein unabhängiger Fürst nur dann dafür entscheiden, eine der beiden Streitparteien zu bevorzugen , wenn er darin Vorteile für sich selbst und gute Ergebnisse für den Wohlstand seines Reiches erkennt.

Harmonie der ideale Zustand.

Ein Fürst, der keine mächtigen Feinde hat, kann leicht allen benachbarten Mächten Tribut auferlegen, aber ein Fürst, dessen Ziel die Selbstverherrlichung ist und der mächtige Feinde hat, muss unter den kleineren Staaten Verbündete suchen, um die Anzahl der ihm freundlich gesinnten Staaten zu erhöhen; und wenn möglich sollte er in der Lage sein, seine Macht durch die Vorteile zu beweisen, die ein Bündnis mit ihm ihnen bringen kann. Daher besteht die Hauptaufgabe des Unterhändlers darin, eine harmonisierte Verbindung zwischen seinem Herrn und dem Souverän, zu dem er gesandt wird, herbeizuführen oder bestehende Bündnisse mit allen in seiner Macht stehenden Mitteln aufrechtzuerhalten und zu verstärken. Er muss sich dafür einsetzen , Missverständnisse auszuräumen, das Entstehen von Streitfragen zu verhindern und ganz allgemein die Ehre und die Interessen seines Fürsten in diesem fremden Land zu wahren. Dazu gehört der Schutz und die Schirmherrschaft seiner Untertanen, die Unterstützung ihrer Wirtschaftsunternehmen und die Förderung guter Beziehungen zwischen ihnen und den Untertanen des ausländischen Fürsten, an dessen Hof er akkreditiert ist. Er muss immer davon ausgehen, dass es keinen Fürsten und keinen Staat auf der Welt gibt, der nicht den Zustand einer Krise vermeiden möchte, und dass es jenen Fürsten, die es lieben, in unruhigen Gewässern zu fischen, niemals an den Mitteln mangeln wird, diese aufzurütteln, sondern dass die Stürme die solche Männer heraufbeschwören, neigen dazu, sie zu überwältigen, so dass der kluge Unterhändler alles tun wird, was er kann, um Provokationen zu vermeiden, und sich so verhalten wird, dass ihm niemand rücksichtslose Motive unterstellen kann.

Die Suche nach Informationen.

Seine zweite Aufgabe besteht darin, alles aufzudecken, was vor Gericht und im Kabinett geschieht. Er sollte zunächst Schritte unternehmen, um von seinem Vorgänger alles zu erfahren, was er über die Lage in dem Land weiß, in das er vordringen will von ihm Hinweise und Anregungen zu erhalten, die nützlich sein könnten. Er sollte die von seinem Vorgänger hinterlassenen Freunde und Bekannten übernehmen und sie durch neue ergänzen. Es wäre in dieser Angelegenheit keine schlechte Praxis, die etablierte Regel der Venezianischen Republik nachzuahmen, die einen Botschafter, der von einem ausländischen Gericht zurückkehrt, verpflichtet, sowohl zur Information der Öffentlichkeit als auch zur Belehrung einen detaillierten schriftlichen Bericht über das Land vorzulegen seines Nachfolgers in der Botschaft. Die Diplomaten von Venedig haben aus dieser Praxis großen Nutzen gezogen, und es wurde oft bemerkt, dass es in Europa keine besser ausgebildeten Unterhändler gibt als die von Venedig.

Freimaurerei der Diplomatie.

Die Entdeckung des Laufs der Ereignisse und der Richtung der Politik in einem fremden Land ist am natürlichsten, wenn man sowohl das Personal als auch die politischen Gewohnheiten des Landes kennt und ein Verhandlungsführer, der zum ersten Mal in einem solchen Land verhandelt, keine Informationsquelle außer Acht lassen darf . Zusätzlich zu den oben genannten wird er höchstwahrscheinlich feststellen, dass seine Kollegen im Corps Diplomatique für ihn von Nutzen sein werden, denn da das gesamte diplomatische Gremium für das gleiche Ziel arbeitet, nämlich herauszufinden, was geschieht, kann es sein, dass – dort Tatsächlich kommt es oft vor – eine Freimaurerei der Diplomatie, bei der ein Kollege einen anderen über kommende Ereignisse informiert, die er durch einen glücklichen Zufall erkennen konnte. Eine solche Zusammenarbeit ist in allen Fällen möglich, außer in Fällen, in denen ihre Souveräne uneins sind. Was die Informationen betrifft, die von der Bevölkerung des Landes selbst gewonnen werden können, besteht die sicherste und kürzeste Methode darin, jemanden zum Vertrauten zu machen, der bereits in den Ratschlägen des ausländischen Fürsten steht, aber dies darf nur mit den Mitteln geschehen, die dies ermöglichen Der Unterhändler muss seinen Korrespondenten kontrollieren und so verhindern, dass die Pläne seines Herrn Schaden nehmen. Diese Aktion ist sehr notwendig, denn in der Diplomatie wie im Krieg gibt es Dinge wie doppelte Spione, die von beiden Parteien bezahlt werden. Die Klügsten unter ihnen werden zunächst wahrheitsgemäße Informationen und gute Ratschläge geben, um den Verhandlungsführer später gründlicher zu täuschen. Es gab sogar Fürsten, die klug genug waren, den Vorteil zu erkennen, den es hatte, ihren Vertrauten ein solches Verhalten zu gestatten, und ich kenne Fälle, in denen der Vertraute eines Herrschers unter dem Vorwand einer geheimen Verbindung mit einem ausländischen Gesandten diesem wahre und falsche Informationen gab gleichzeitig und verdeckte damit wirkungsvoll die Absichten seines Meisters. Vor einer solchen Täuschung muss ein Botschafter stets auf der Hut sein.

Der törichte Holländer.

Im Jahr 1671 gab es in England einen niederländischen Botschafter, der von bestimmten Geheimberatern König Karls II. SO LEICHT ÜBERZEUGT WERDEN KONNTE. dass ihr Herr nicht die Absicht hatte, mit den Generalstaaten in den Krieg zu ziehen, dass er in seinen Depeschen nach Hause ausdrücklich versicherte, dass von England nichts zu befürchten sei, und dass er die Meinung lächerlich machte, dass London beschlossen hatte, sie anzugreifen; und wir haben seitdem erfahren, dass diese englischen Berater vom König absichtlich eingesetzt wurden, um die Leichtgläubigkeit des niederländischen Botschafters auszunutzen. In unserer Zeit gab es Botschafter anderer Länder, die dasselbe getan haben.

Alle Nachrichten müssen getestet werden.

Nun wird der kluge Verhandlungsführer wahrscheinlich nicht alles glauben, was er hört, und auch keinen Rat annehmen, den er nicht prüfen kann; Er muss die Herkunft der Informationen sowie das Interesse und die Motive derjenigen untersuchen, die sie ihm anbieten. Er muss versuchen herauszufinden, auf welche Weise sie selbst an die Informationen gelangt sind, und er muss sie mit anderen Informationen vergleichen, um festzustellen, ob sie mit dem Teil übereinstimmen, von dem er weiß, dass er wahr ist. Es gibt viele Anzeichen dafür, dass ein scharfsinniger und scharfsinniger Geist die Wahrheit erkennen kann, indem er jede Informationsverbindung mit einer anderen verknüpft. Zu diesem Zweck können keine Regeln für die Führung eines Diplomaten in einer solchen Angelegenheit aufgestellt werden, denn wenn ein Mann nicht mit solchen Eigenschaften geboren wird, kann er sie nicht erwerben, und zu denen, die sie nicht besitzen, könnte ich genauso gut mit den Gehörlosen sprechen wie diese Beobachtungen schreiben.

Ein Verhandlungsführer kann Staatsgeheimnisse aufdecken, indem er häufig mit Autoritätspersonen zusammen ist, und es gibt kein Gericht auf der Welt, an dem Minister oder andere nicht für verschiedene Vorgehensweisen offen sind, sei es, weil sie indiskret sind und oft mehr sagen, als sie sollten, oder weil sie unzufrieden und bereit sind, Geheimnisse preiszugeben, um ihre Eifersucht zu befriedigen. Und selbst die erfahrensten und zuverlässigsten Minister sind nicht immer auf der Hut. Ich habe hochqualifizierte und bewährte Staatsmänner gesehen, die sich im Gespräch und durch andere Anzeichen dennoch Ausdrücke entzogen, die wichtige Hinweise auf ihre Politik gaben. Und an jedem Hof gibt es Höflinge, die zwar keine Mitglieder des Königsrates sind, aber durch lange Praxis wissen, wie man ein Geheimnis aufdeckt, und die immer bereit sind, es preiszugeben, um ihre eigene Bedeutung und ihr Scharfsinn zu zeigen. Es ist fast unmöglich, vor einem aktiven, aufmerksamen und aufgeklärten Unterhändler irgendeine wichtige Absicht der öffentlichen Ordnung zu verbergen, denn ohne große Vorbereitung kann nie ein Staatsabgang erfolgen, der die Weitergabe vieler Geheimnisse durch viele Personen mit sich bringt, und das stellt eine Gefahr dar vor denen es selbst für diejenigen, die die größten Vorsichtsmaßnahmen treffen, fast unmöglich ist, sich zu schützen.

Zur Übermittlung von Informationen.

Bei der Übermittlung von Informationen dieser Art muss der Verhandlungsführer nun eine genaue Darstellung aller Umstände geben, die mit der Information einhergehen, das heißt, wie und von wem er sie erhalten hat; und er sollte es mit seinen eigenen Kommentaren und Vermutungen begleiten, damit der Prinz vollständig informiert ist und beurteilen kann, ob die aus allen Umständen gezogenen Schlussfolgerungen gut oder schlecht sind. Es gibt bestimmte Dinge, die ein kluger Geistlicher selbst entdecken wird und über die er seinem Herrn einen genauen Bericht geben muss, denn solche Kenntnisse sind oft ein sicherer Hinweis selbst auf die geheimsten Pläne. So kann er durch eigene Beobachtung die Leidenschaften und herrschenden Interessen des Fürsten entdecken, an dessen Hof er geschickt wird: ob er ehrgeizig, gewissenhaft oder aufmerksam ist; ob er kriegerisch ist oder den Frieden bevorzugt; ob er der wahre Herrscher des Landes ist und wenn nicht, von wem er regiert wird; und was sind im Allgemeinen die Hauptneigungen und Interessen derjenigen, die den größten Einfluss auf ihn haben? Er muss sich außerdem genau über den Zustand der Streitkräfte zu Lande und zu Wasser, über die Anzahl und Stärke der befestigten Orte, darüber, ob diese stets in einem hohen Leistungszustand und gut mit Munition versorgt sind, über den Zustand der befestigten Orte informieren Seehäfen, von seinen Kriegsschiffen und von seinen Arsenalen, von der Zahl der Truppen, die er auf einmal ins Feld stellen kann, sowohl an Kavallerie als auch an Infanterie, ohne seine Festungen ihrer Garnisonen zu berauben. Er muss den Zustand der öffentlichen Meinung kennen, ob sie wohlwollend oder unzufrieden ist; Er muss die Fäden jeder großen Intrige in seinen Händen behalten und alle Fraktionen und Parteien kennen, in die die Meinung gespalten ist. Er muss die Neigungen von Geistlichen und anderen Autoritätspersonen in Angelegenheiten wie der Religion kennen. Er sollte nicht einmal die Beobachtung des persönlichen Haushalts des Königs, der Art und Weise, wie seine inneren Angelegenheiten geführt werden, seiner Ausgaben sowohl für seinen Haushalt als auch für seine militärischen Einrichtungen, die darin verbrachte Zeit usw. vernachlässigen. Er muss es wissen die Offensiv- und Defensivbündnisse, die mit anderen Mächten geschlossen wurden, insbesondere mit solchen, die ihrer Absicht nach feindselig erscheinen; Er muss in der Lage sein, jederzeit die Haltung aller wichtigen Staaten gegenüber dem Gericht, bei dem er akkreditiert ist, zu beschreiben und über die diplomatischen Beziehungen zwischen ihnen zu berichten.

Für demokratische Staaten angemessene Maßnahmen.

Er muss dem Prinzen aufmerksame Aufmerksamkeit schenken und sich so eine ausreichende Vertrautheit mit ihm aneignen, um ihn häufig und ohne Umschweife sehen und mit ihm sprechen zu können, so dass er immer in der Lage ist, zu wissen, was vor sich geht, und sich in die Lage einzumischen Der Prinz denkt darüber nach, was dem Plan seines Herrn förderlich ist. Wenn er in einem demokratischen Staat lebt , muss er am Landtag und anderen Volksversammlungen teilnehmen. Er muss einen Tag der offenen Tür und einen gut gedeckten Tisch halten, um die Abgeordneten anzulocken, und so sowohl durch seine Ehrlichkeit als auch durch seine Anwesenheit das Ohr der fähigsten und maßgeblichsten Politiker gewinnen, die möglicherweise in der Lage sind, einen feindlichen Plan zu vereiteln oder einen günstigen zu unterstützen eins. Wenn Menschen dieser Art die Freiheit haben, den Botschafter *zu betreten* , wird ein guter Tisch sehr dabei helfen, alles zu entdecken, was vor sich geht, und die dafür vorgesehenen Kosten sind nicht nur ehrenhaft , sondern außerordentlich nützlich, wenn nur der Verhandlungsführer selbst Bescheid weiß wie man davon profitiert.

Der Wert guter Laune.

Tatsächlich liegt es in der Natur der Sache, dass gute Laune ein großer Vermittler ist, dass sie die Vertrautheit fördert und den freien Austausch zwischen den Gästen fördert, während die Wärme des Weins oft zur Entdeckung wichtiger Geheimnisse führt. Es gibt mehrere andere Funktionen für die Beschäftigung öffentlicher Minister, beispielsweise die, einem Prinzen gute oder schlechte Nachrichten über seinen eigenen Herrn zu übermitteln oder dem Prinzen selbst in einem ähnlichen Fall

Komplimente oder Beileid zu übermitteln. Ein Verhandlungsführer, der sich mit seinem Geschäft auskennt, wird nicht einmal die geringste dieser Gelegenheiten versäumen, und er wird seine Aufgabe so erfüllen, dass er zeigt, dass sein Herr wirklich an allem interessiert ist, was am ausländischen Gericht vor sich geht. Tatsächlich ist der beste Unterhändler derjenige, der selbst den Befehlen seines eigenen Herrn zuvorkommt und sich als so geschickter Vermittler seiner Absichten erweist, dass er in der Lage ist, im Vorfeld jedes Ereignisses dieser Art zu handeln und so die Gefühle seines Herrn in angemessener Sprache darzulegen bevor irgendein anderer ausländischer Diplomat überhaupt begonnen hat, sich mit der Angelegenheit zu befassen. Und wenn er tatsächlich die Befehle seines Herrn zu diesem Thema erhält und sich herausstellen sollte, dass sie einen etwas anderen Charakter haben als die Ausdrücke, die er bereits verwendet hat, wird seine eigene Geschicklichkeit es ihm ermöglichen, den scheinbaren Unterschied zu überbrücken. Die Funktionen des Diplomaten enden automatisch mit dem Tod seines Herrn oder des Fürsten, bei dem er akkreditiert ist, und werden erst wieder aufgenommen, wenn neue Beglaubigungsschreiben eingehen. Sie enden auch mit seinem Rückzug oder mit einer Kriegserklärung. Es ist jedoch zu beachten, dass die mit dem Amt des Botschafters nach dem Völkerrecht verbundenen Privilegien ungeachtet einer Kriegserklärung oder einer anderen Auslegung seiner Funktionen ungebrochen fortbestehen. und diese Privilegien bleiben in Kraft, bis er sein eigenes Staatsgebiet erreicht.

Die Verhandlungsführung.

Diplomatie ist eine Angelegenheit mündlicher und schriftlicher Kommunikation. Die erste ist die übliche Methode, wenn man es mit einem königlichen Hof zu tun hat, die zweite ist in Republiken und Staaten üblich, in denen Versammlungen, wie der Landtag des Schweizerischen Reiches, die Träger der Macht sind. Es ist immer Brauch, wenn in Frankreich Staaten zusammenkommen, um schriftliche Grundsatzerklärungen auszutauschen. Aber für den geübten Diplomaten ist es immer vorteilhafter, von Angesicht zu Angesicht zu verhandeln, weil er so die wahren Absichten derjenigen herausfinden kann, mit denen er es zu tun hat. Seine eigenen Fähigkeiten werden ihn dann in die Lage versetzen, angemessen und treffend zu handeln und zu sprechen. Die meisten Männer, die sich mit öffentlichen Angelegenheiten befassen, achten mehr auf das, was sie selbst sagen, als auf das, was ihnen gesagt wird. Ihr Geist ist so voll von eigenen Vorstellungen, dass ihnen nichts anderes einfällt, als sich die Ohren anderer für sie zu verschaffen, und sie werden sich kaum dazu bewegen lassen, den Aussagen anderer Menschen zuzuhören. Dieser Fehler ist den lebhaften und ungeduldigen Nationen wie der unsrigen eigen, denen es schwerfällt, ungestüme Temperamente im Zaum zu halten. Es ist oft aufgefallen, dass Franzosen in gewöhnlichen Gesprächen alle auf einmal sprechen und einander unaufhörlich unterbrechen, ohne zu verstehen, was jeder zu sagen hat.

Der Apt-Listener.

Eine der wichtigsten Eigenschaften eines guten Verhandlungsführers ist es, ein guter Zuhörer zu sein; auf alle ihm gestellten Fragen eine geschickte , aber dennoch triviale Antwort zu finden und es nicht eilig zu haben, weder seine eigene Politik noch seine eigenen Gefühle zu erklären; und bei der Aufnahme von Verhandlungen sollte er darauf achten, nicht das volle Ausmaß seines Vorhabens preiszugeben, es sei denn, es ist notwendig, das Gelände zu erkunden; und er sollte sein eigenes Verhalten sowohl danach richten, was er in den Gesichtern anderer sieht, als auch danach, was er aus ihren Lippen hört. Eines der großen Geheimnisse der Diplomatie besteht darin, das Reale vom Trivialen zu trennen und sozusagen Tropfen für Tropfen in den Köpfen Ihrer Konkurrenten jene Ursachen und Argumente einzudestillieren, die Sie von ihnen erwarten. Auf diese Weise wird sich Ihr Einfluss nach und nach, fast unbemerkt, in ihren Köpfen ausbreiten. Bei diesem Vorgehen wird der Verhandlungsführer bedenken, dass die meisten Menschen sich niemals auf ein umfangreiches Unterfangen einlassen werden, auch wenn es für sie von Vorteil ist, wenn sie nicht im Voraus die gesamte Länge der Reise überblicken können, auf die sie sich einlassen sollen. Sein Ausmaß wird sie abschrecken. Aber wenn es ihnen gelingt, einen Schritt nach dem anderen erfolgreich zu gehen , werden sie am Ende der Reise fast unvorbereitet sein. Darin liegt die Wichtigkeit, große Pläne nur einigen wenigen auserwählten Geistern zu offenbaren, deren Geist richtig darauf eingestellt ist.

Diplomatie auf dem Bowling Green.

Eine solche Wahrheit gilt für Freund und Feind gleichermaßen. Bei der Herangehensweise an schwierige Verhandlungen besteht die wahre Geschicklichkeit der Diplomatie, wie ein guter Bowler, der den Lauf des Grüns ausnutzt, darin, die bestehende Voreingenommenheit der Angelegenheit herauszufinden. Wie Epictetus, der antike Philosoph, in seinem Handbuch sagte: „In jeder Materie gibt es zwei Griffe, der eine ist leicht zu tragen, der andere schwer." Nimm es nicht am schwierigen Ende, denn sonst wirst du es weder heben noch tragen können. Aber wenn du es an der rechten Seite nimmst , wirst du es ohne Probleme tragen können.' Der einfachste Weg, die richtige Voreingenommenheit zu finden, besteht nun darin, jeden Vorschlag, den Sie vorbringen, als eine Erklärung der Interessen derjenigen erscheinen zu lassen, mit denen Sie verhandeln, denn da Diplomatie der Versuch ist, eine Grundlage für gemeinsames Handeln oder Einvernehmen zu finden, ist sie es auch Es ist offensichtlich, dass je mehr die Gegenpartei dazu gebracht werden kann, Ihre Absichten in ihrem eigenen Licht zu sehen und sie entsprechend zu akzeptieren, desto sicherer wird ihre Zusammenarbeit bei einer Aktion sowohl für sie selbst als auch für Sie fruchtbar sein.

Die Voreingenommenheit der menschlichen Natur.

Nun gibt es natürlich nur wenige Menschen, die sich gänzlich von ihren eigenen Gefühlen abwenden und sich stattdessen denen anderer zuwenden würden, oder die zugeben würden, dass sie falsch lagen, vor allem, wenn die Angelegenheit in einer erbitterten Diskussion geführt wird, in der der Verhandlungsführer alle Argumente berücksichtigt frei durch Widerspruch. Aber nichtsdestotrotz wird der kluge Diplomat die menschliche Natur so auszunutzen wissen, dass selbst die hartnäckigsten Gegner nach und nach ihre Haltung zu bestimmten Meinungen lockern; und dies lässt sich am leichtesten dadurch erreichen, dass man den Ansatz aufgibt, der den ursprünglichen Streit verursacht hat, und die Angelegenheit von einem anderen Aspekt aus betrachtet. So kann der Konkurrent einer Verhandlung durch Schmeicheleien seiner *Amour-propre* oder durch einen anderen Trick, der ihn in gute Laune versetzen könnte, dazu gebracht werden, die Angelegenheit in einem neuen Licht zu betrachten und am Ende der Verhandlung zu akzeptieren, dass dies der Fall ist was er gleich zu Beginn mit Gewalt ablehnte. Und so unvernünftig die Mehrheit der Menschheit auch sein mag, man wird immer beobachten können, dass die Menschen so viel Respekt vor der Vernunft haben, dass sie immer darauf hoffen, vom anderen Menschen als jemand beurteilt zu werden, der aus vernünftigen Gründen handelt. Der Verhandlungsführer wird diese subtile Form des intellektuellen Stolzes zu nutzen wissen. Und besonders dort, wo mehr als eine Partei an den Verhandlungen beteiligt ist, wird der kluge Diplomat in der Lage sein, die Schwächen der beiden anderen Parteien auszunutzen und dennoch jeder der Reihe nach für seine vernünftige und staatsmännische Haltung zu schmeicheln.

Es ist nicht so, dass der Erste nicht hier ist.

Vor allem ist es, wie ich bereits sagte, bei jedem langen und komplizierten Geschäft zu Beginn einer Verhandlung notwendig, die Angelegenheit in ihrem einfachsten und vorteilhaftesten Licht darzustellen und sozusagen alle Parteien in die Sache einzubeziehen Es kann durchaus sein, dass sie sich auf das gesamte Unternehmen einlassen, bevor sie sich dessen Ausmaßes bewusst sind. Zu diesem Zweck muss der Verhandlungsführer als sympathischer, aufgeklärter und weitsichtiger Mensch auftreten; Er muss sich davor hüten, sich zu auffällig als listiger oder geschickter Manipulator auszugeben. Das Wesentliche an Geschicklichkeit liegt darin, es zu verbergen, und der Verhandlungsführer muss stets danach streben, bei seinen Diplomatenkollegen den Eindruck seiner Aufrichtigkeit und seines guten Willens zu hinterlassen. Und er sollte sich vor dem Versuch hüten, eine

Entscheidung zu erzwingen oder auftauchende Schwierigkeiten mit Füßen zu treten, denn wenn er sich so verhält , wird er nicht umhin, die Abneigung derer, mit denen er zu tun hat, auf sich zu ziehen und so Vorurteile zu erzeugen Die Entwürfe seines Meisters. Es wäre besser für ihn, als weniger aufgeklärt zu gelten, als er wirklich ist, und er sollte versuchen, seine eigene Politik aus guten und soliden Gründen zum Erfolg zu führen, anstatt die Politik anderer zu verachten. Der umgekehrte Fehler ist ebenfalls zu vermeiden. Der Verhandlungsführer darf sich nicht dem Einfluss anderer Männer unterwerfen , insbesondere nicht jener mächtigen Persönlichkeiten, deren Gewohnheit es ist, die Meinung aller zu beeinflussen, denen sie begegnen.

Diplomatie lebt nicht von Bedrohungen.

Je mächtiger der Prinz, desto höflicher sollte sein Diplomat sein, denn da eine solche Macht bei seinen Nachbarn wahrscheinlich Eifersucht erweckt , sollte der Diplomat sie für sich selbst sprechen lassen und lieber seine eigene Überzeugungskraft durch Mäßigung einsetzen um die gerechten Rechte seines Fürsten zu unterstützen, anstatt seine Macht oder das Ausmaß seiner Herrschaft zu rühmen. Drohungen schaden den Verhandlungen immer und treiben eine Partei häufig in Extremsituationen, zu denen sie ohne Provokation nicht gegriffen hätte. Es ist wohlbekannt, dass verletzte Eitelkeit Männer häufig in Wege treibt, die sie bei nüchterner Einschätzung ihrer eigenen Interessen meiden würden. Natürlich muss der Schlag sofort nach der Drohung erfolgen, wenn ein Fürst echte Beschwerden gegen einen anderen, insbesondere gegen einen Untergebenen, vorbringt, wenn es notwendig ist, an dem Verbrecher ein Exempel zu statuieren, so dass der Verbrecher nicht dabei sein kann in der Lage, sich entweder durch diplomatische Verzögerungen oder auf andere Weise vor einer gerechten Bestrafung zu schützen. Je länger die Verzögerung zwischen der Drohung und ihrer Erfüllung liegt, desto wahrscheinlicher ist es, dass der Täter Bündnisse mit anderen Mächten eingehen und so der gerechten Bestrafung des Fürsten, dem er Unrecht getan hat, entgehen kann.

Der gute Christ.

Der weise und aufgeklärte Unterhändler muss natürlich ein guter Christ sein, und er muss seinen Charakter in all seinen Reden und in seiner Lebensweise zum Ausdruck bringen und bösen und locker lebenden Personen verbieten, seine Schwelle zu überschreiten. Gerechtigkeit und Bescheidenheit sollten alle seine Handlungen bestimmen; er sollte den Fürsten gegenüber respektvoll sein; umgänglich und zugänglich gegenüber seinesgleichen; rücksichtsvoll gegenüber seinen Untergebenen und höflich und ehrlich zu allen.

Zu Hause in der Fremde.

Er muss sich den Sitten und Gebräuchen des Landes, in dem er lebt, anpassen, ohne Abscheu zu zeigen oder Verachtung dafür zum Ausdruck zu bringen, wie es häufig von Diplomaten getan wird, die keine Gelegenheit verpassen, ihr eigenes Land zu loben und alle anderen zu verunglimpfen. Der Diplomat muss sich ein für alle Mal darüber im Klaren sein, dass er nicht berechtigt ist, von einer ganzen Nation zu verlangen, dass sie sich seiner Lebensweise anpasst, und dass es vernünftiger und auf lange Sicht für ihn selbst sehr angenehm ist, sich daran anzupassen fremde Lebensweisen. Er sollte sich davor hüten, die Regierungsform oder das persönliche Verhalten des Fürsten zu kritisieren , bei dem er akkreditiert ist. Im Gegenteil, er sollte immer das Lobenswerte loben, ohne aufgesetzt und ohne Schmeichelei, und wenn er seine eigene Funktion richtig versteht, wird er schnell entdecken, dass es keine Nation oder keinen Staat gibt, der nicht viele gute Seiten, ausgezeichnete Gesetze und auch charmante Bräuche hat als schlechte; und er wird schnell entdecken, dass es leicht ist, die guten Punkte hervorzuheben, und dass es keinen Nutzen bringt, die schlechten anzuprangern, und zwar aus dem sehr guten Grund, dass nichts, was der Diplomat sagen oder tun kann, die häuslichen Gewohnheiten ändern wird Gesetze des Landes, in dem er lebt. Er sollte stolz darauf sein, die Geschichte des Landes zu kennen, damit er dem Prinzen Freude bereiten kann, indem er die großen Leistungen seiner Vorfahren lobt, und um zu seinem eigenen Vorteil aktuelle Ereignisse im Lichte der Geschichte zu interpretieren Bewegungen der Vergangenheit. Wenn bekannt wird, dass der Verhandlungsführer über solche Kenntnisse verfügt und sie geschickt anwendet, wird sein Ansehen mit Sicherheit steigen, und wenn er geschickt genug ist, seine Gespräche bei Hofe auf die Themen zu lenken, in denen er ein Meister ist, wird er dies als seine diplomatische Aufgabe betrachten wird ihm sehr geholfen, und die Freude, die er seinen Mitmenschen bereitet, wird ihm durch die reibungslosen Verhandlungen reichlich zurückgezahlt.

Das Geheimnis des Erfolgs.

Der Diplomat muss jedoch sowohl bei der Arbeit als auch beim Spielen ständig die Ziele im Auge behalten, denen er im fremden Land dienen soll, und sollte sein persönliches Vergnügen und alle seine Beschäftigungen dieser Verfolgung unterordnen. In dieser Angelegenheit sind die beiden Hauptziele, die sich der fähige Unterhändler vor Augen führt, wie ich bereits gesagt habe, die Angelegenheiten seines Herrn zu einem erfolgreichen Ergebnis zu führen und keine Mühen zu scheuen, um die Absichten anderer zu entdecken. Und da die Mittel, die in beiden Fällen eingesetzt werden müssen, die gleichen sind, nämlich die Wertschätzung, Freundschaft und das Vertrauen des Fürsten selbst und der ihn umgebenden Autoritäten zu erlangen, gibt es keinen sichereren Weg, sie einzusetzen, als indem man persönlich angenehm wird. Es ist erstaunlich , wie es einer *Persona grata* gelingt, selbst die tiefsten

Verdächtigungen zu entwurzeln und die Erinnerung an die schwersten Beleidigungen auszulöschen. Wenn der Diplomat am Hofe mit Missfallen betrachtet wird, ist er kein wahrer Diener der Interessen seines Herrn; Denn jemand, der in Ungnade gefallen ist, wird nicht in der Lage sein, zu wissen, was vor sich geht, und wird daher für seine Heimatregierung nur ein schlechter Ratgeber sein, wenn es darum geht, sie bei der Festlegung ihrer Politik zu unterstützen. Die Verantwortung dafür, den falschen Diplomaten in eine gute Position zu bringen, liegt natürlich beim Minister, der ihn ernennt, aber es gibt viele Fälle, in denen eine ungeeignete Ernennung durch die unerschrockene Beharrlichkeit und die unermüdliche Höflichkeit des Diplomaten selbst wiedergutgemacht wurde; Da dies jedoch eine unnötige Belastung für den Botschafter darstellt, sollte der Außenminister stets darauf bedacht sein, alle ausländischen Posten mit geeigneten Männern zu besetzen.

Unterstützung von zu Hause aus.

Welche Eigenschaften die Eignung ausmachen, habe ich bereits beschrieben; Ich möchte hier nur hinzufügen, dass kein Diplomat seine Auslandsaufgabe erfolgreich erfüllen kann, wenn er nicht von seiner eigenen Regierung gut unterstützt wird und ihm jede Gelegenheit gegeben wird, deren Politik zu verstehen. Auf diese Weise wird er in der Lage sein, jede Situation so weit wie möglich zum Vorteil auszunutzen, und er wird auch in der Lage sein, vom Feind verbreitete falsche Gerüchte zu dementieren. Diese Unterstützung durch die Regierung seines Heimatlandes setzt einen kostenlosen Antrag seinerseits voraus, denn es ist von größter Bedeutung, dass er sich über alle aktuellen Bewegungen in seinem eigenen Land auf dem Laufenden hält; dass er den persönlichen Charakter sowohl des Souveräns als auch seines Außenministers genau kennen sollte, damit er in Momenten des Zweifels in der Lage sein kann, klug zu erraten, was in den Köpfen derjenigen vorgeht, die ihn beschäftigen. Ohne dieses Wissen wird er sicherlich auf Abwege geraten, und ohne einen ständigen Kontakt mit der Regierung seines Heimatlandes kann die Führung der Diplomatie in seinen Händen unmöglich gedeihen.

Guter Glaube, die beste Waffe.

Was die Beziehungen betrifft, die der Diplomat in einem fremden Land unterhält, müssen wir beachten, dass sein Erfolg zwar teilweise von seiner Freundlichkeit gegenüber allen Menschen abhängt, dass er jedoch in allen seinen intimeren Beziehungen äußerste Diskretion walten lassen muss und dies vor allem auch tun sollte Versuchen Sie, professionelle Freundschaften auf der Grundlage gegenseitigen Vorteils und Respekts zu schließen. Es gibt keine Dauerhaftigkeit in einer Beziehung, die mit Versprechen beginnt, die nicht eingelöst werden können, und daher ist, wie ich bereits sagte, der

Einsatz von Täuschung in der Diplomatie notwendigerweise eingeschränkt, denn es gibt keinen Fluch, der sich schneller einnistet als eine Lüge, die dies getan hat herausgefunden worden. Abgesehen davon, dass eine Lüge eines großen Ministers unwürdig ist, schadet sie der Politik tatsächlich mehr als sie nützt, denn auch wenn sie heute Erfolg bringen mag, wird sie eine Atmosphäre des Misstrauens schaffen, die den Erfolg morgen unmöglich macht. Zweifellos wird ein Botschafter eine Menge Informationen erhalten, deren Übermittlung seine Pflicht ist; aber wenn er nicht in der Lage ist, es zu testen , wird er es einfach ohne Kommentar oder Garantie für seine Wahrheit weitergeben. Im Allgemeinen sollte es das höchste Ziel des Diplomaten sein, bei seiner eigenen Regierung und auch im Ausland einen solchen guten Ruf zu erlangen, dass sie sich sowohl auf seine Informationen als auch auf die Ratschläge, die er gibt, verlassen können.

Der Wert eines ehrlichen Berichts.

In dieser Hinsicht sollte er sorgfältig darauf achten, seinem Vorgesetzten von Zeit zu Zeit über den Verlauf der Verhandlungen Bericht zu erstatten, um keine Erfolgsaussichten zu versprechen, bevor der Erfolg selbst in seiner Reichweite ist. Es ist viel besser, dass er die Schwierigkeiten des Falles und die Unwahrscheinlichkeit eines Erfolgs darstellt, selbst wenn er sich praktisch sicher ist, dass er Erfolg haben wird. Durch den Erfolg in einem Unternehmen, von dem er selbst wenig verspricht, wird er weitaus größere Anerkennung erlangen als in einem, über das er durchgehend positiv berichtet hat . Es ist immer gut für den Ruf eines Unterhändlers, wenn aus verschiedenen Quellen gute Berichte über ihn eingehen, denn ein solcher unabhängiger Beweis für den Wert der Dienste eines Diplomaten muss von jedem Fürsten hoch geschätzt werden und kommt dem Diplomaten selbst zugute . Es ist offensichtlich, dass der Diplomat umso sicherer ein solch unabhängiges Zeugnis seiner Verdienste erhalten wird, je erfolgreicher er in den Beziehungen ist, die er an einem ausländischen Gericht aufbaut. Aber er soll ein solches Zeugnis nicht mit unwürdigen Mitteln suchen. Zu diesem Zweck sollte er weder die Diener anderer bestechen noch Eingeborene eines ausländischen Hofes in seine eigenen Dienste nehmen. Es ist zu offensichtlich, dass es sich wahrscheinlich um Spione handeln wird.

Über die Annahme von Geschenken.

Er selbst sollte niemals zustimmen, Geschenke von einem ausländischen Gericht anzunehmen, es sei denn mit ausdrücklichem Wissen und der Erlaubnis seines Herrn oder in solchen Fällen, die nach den Gepflogenheiten des Gerichts allgemein zulässig sind, wie etwa bei der Ankunft oder Abreise eines Botschafter. Wer unter einer anderen Bedingung Geschenke erhält, kann beschuldigt werden, sich selbst zu verkaufen und damit den Fürsten, dem er dient, zu verraten. Solange er seine Unabhängigkeit nicht wahrt , kann er unmöglich seinen eigenen Herrn vertreten oder die hohe Würde seines Amtes wahren. Diese Würde muss über jeden Verdacht erhaben bleiben. Es ist für jeden Botschafter unentbehrlich, obwohl es nicht zu jeder Zeit und an jedem Ort durchgeführt werden muss, denn der Diplomat wird leicht verstehen, dass er zu bestimmten Zeiten die Gunst seiner Mitmenschen gewinnen kann, indem er in einer lockeren, umgänglichen, freundlichen Atmosphäre lebt. und vertraute Art unter seinen Freunden. Sich ständig in offizielle Würde zu hüllen, ist bloße absurde Arroganz, und der Diplomat, der sich so verhält, wird eher abstoßen als anziehen.

Die Geschichte von Don Estevan de Gamarre .

Es gibt viele wichtige Gelegenheiten, bei denen der Diplomat seinen ganzen Witz und seine ganze Klugheit erfordert. Es kommt oft vor, dass er einem Prinzen, der es gewohnt ist, von seinen Ministern geschmeichelt zu werden, schlechte Nachrichten überbringen oder ihm unangenehme Ratschläge geben muss, die ihm aus verschiedenen privaten Gründen normalerweise schlechte Nachrichten verheimlichen. Lassen Sie mich ein Beispiel dafür geben, was ich meine: Don Estevan de Gamarre hatte dem König von Spanien viele Jahre lang mit Eifer und Treue gedient, sowohl im Krieg als auch in der Diplomatie, insbesondere in den Niederlanden, wo er lange Zeit Botschafter gewesen war. Er hatte einen Verwandten im Rat des Königs, der bereit war, die Dienste des Botschafters ins beste Licht zu rücken, und doch erhielt er keine Belohnung, während Nachzügler aller Art in hohe Ämter im In- und Ausland befördert wurden. Er beschloss, nach Madrid zu gehen, um die Ursache seines bösen Schicksals herauszufinden. Er beschwerte sich bei seinem Verwandten, dem Pfarrer, und führte eine Reihe von Fällen an, in denen wichtige von ihm geleistete Dienste übergangen und vergessen worden seien. Nachdem der Minister ihn gehört hatte, antwortete er ruhig, dass er niemandem die Schuld geben könne außer sich selbst, und dass er, wenn er ein ebenso guter Höfling wie ein brillanter Diplomat und treuer Untertan gewesen wäre, die gleiche Beförderung erhalten hätte wie diejenigen, deren Verdienst es sei weniger, aber seine Aufrichtigkeit war ein Hindernis für sein Glück, denn seine Depeschen waren immer voller widerwärtiger Wahrheiten, die den König auf die Probe stellten. *Die Zähne des Königs auf der Kante.* Als beispielsweise die Franzosen einen Sieg errangen, erzählte er in seinen Depeschen die Geschichte getreu und ohne Rücksicht auf die spanischen Gefühle . Oder wenn sie eine Stadt belagerten, sagte er voraus, dass sie sicher fallen würde, wenn keine Hilfe geschickt würde. Oder in einem anderen Fall, in dem ein Verbündeter seinen Unmut geäußert hatte, weil das spanische Gericht wahrscheinlich nicht die Treue halten würde, bestand er darauf, dass der König sein Wort in einer Sprache halten sollte, die weder diplomatisch noch überzeugend war, während andere spanische Verhandlungsführer dabei blieben Andere Teile Frankreichs, die ihre eigenen

Interessen besser im Auge hatten, teilten dem König mit, dass die Franzosen dekadent seien, dass ihre Armeen undiszipliniert und völlig unfähig seien, wirksame Feldzüge zu führen, und so weiter. Der Minister selbst fügte hinzu, dass der König im Rat sei Er konnte diejenigen, die solche guten Nachrichten überbrachten, nicht allzu hoch belohnen und auch nicht allzu schnell einen Mann wie ihn vergessen, der nie etwas anderes als die unangenehme Wahrheit schrieb.

Betrug in Madrid .

Daraufhin antwortete Don Estevan de Gamarre , überrascht über dieses von seinem Verwandten für ihn gezeichnete Bild des spanischen Hofes: „Anscheinend ist das Glück in Madrid dem Betrüger zugute , und die Gunst des Hofes kann durch Verlogenheit gewonnen werden." Ich habe keine Bedenken mehr hinsichtlich meiner Zukunft.' Anschließend kehrte er in die Niederlande zurück, wo er so leicht vom Rat seines Verwandten profitierte, dass er, um einen spanischen Ausdruck zu verwenden, mehrere *Mercedes gewann* und seine eigenen Angelegenheiten in dem Maße gedeihen sah, wie es ihm gelang, Gründe zu erfinden warum die Angelegenheiten des Feindes zunichte gemacht werden müssen. Daraus lässt sich schließen, dass der spanische Hof getäuscht werden wollte und seinen Botschaftern freie Hand ließ, auf Kosten der wahren Interessen der Monarchie ihr eigenes Vermögen zu machen. Hier gibt es eine Moral sowohl für die Minister im Inland als auch für die Botschafter im Ausland, auf die ich nicht beharren muss. Die Wahrheit erfordert zwei Agenten, einen zum Sagen und einen zum Hören.

Über Verträge und ihre Ratifizierungen.

Zwischen souveränen Staaten gibt es viele Arten von Verträgen, von denen die wichtigsten Friedensverträge, Waffenstillstände, Handelsverträge und solche sind, die Bündnisse regeln oder Neutralität garantieren. Es gibt sowohl öffentliche als auch geheime Verträge. Es gibt sogar Kontingentverträge, die so genannt werden, weil ihr Erfolg von zukünftigen Ereignissen abhängt. Wenn die Minister zweier gleichberechtigter Mächte einen Vertrag unterzeichnen , fertigen sie zwei Kopien davon an, die als Doppelurkunde bezeichnet werden. In jeder Abschrift trägt der Botschafter, der sie erstellt, den Namen seines eigenen Prinzen an die Spitze und unterschreibt seinen Auftrag am Fuß, um damit anzuzeigen, dass weder er noch sein Herr seinen Anspruch auf den ersten Platz in Europa aufgeben. Und da alle neuen Verträge auf den Präzedenzfällen der alten basieren und sich wahrscheinlich auf Maßnahmen beziehen, die im Rahmen früherer Verträge getroffen wurden, werden sie immer in derselben Form und oft in der gleichen Anzahl von Artikeln abgefasst. Bei der Ausarbeitung eines Vertrags ist es nun die Pflicht des aufgeklärten Diplomaten, dafür zu sorgen, dass die in dem vorliegenden Dokument enthaltene Grundsatzerklärung nicht im Widerspruch zu anderen Unternehmungen seiner Regierung steht oder diese beeinträchtigt. Er muss auch darauf achten, dass die Bedingungen so klar festgelegt sind, dass sie keinen unterschiedlichen Interpretationen unterliegen können. Daraus geht hervor, dass der Verhandlungsführer die Sprache beherrschen muss, in der die Verhandlungen geführt werden, und insbesondere die Sprache, in der der Vertrag selbst verfasst ist, sonst gerät er in endlose Schwierigkeiten und Komplikationen. Die Bedeutung eines Vertrags kann leicht von einem einzigen Wort abhängen, und wenn der Diplomat die betreffende Sprache nicht gründlich beherrscht, wird er nicht in der Lage sein, zu beurteilen, ob die zur Verwendung vorgeschlagenen Wörter geeignet sind. Unkenntnis von Fremdsprachen ist in der Tat vielleicht der schwerwiegendste Nachteil, mit dem die Diplomatie behaftet sein kann. Obwohl nun Fürsten und souveräne Staaten die Verhandlungen Diplomaten anvertrauen, die mit allen Machtbefugnissen ausgestattet sind, schließen oder unterzeichnen sie dennoch niemals Verträge, es sei denn, sie haben ihre eigene ausdrückliche Ratifizierung mit eigener Hand erteilt und mit ihrem eigenen Siegel versiegelt, und die Verträge werden erst dann veröffentlicht, wenn sie dies tun wurden ratifiziert und können erst nach ihrer Veröffentlichung in Kraft treten, außer in besonders vorgesehenen Fällen, in denen bestimmte Artikel und manchmal der gesamte Vertrag absichtlich geheim gehalten werden.

Über das Schreiben von Depeschen .

Während die Kunst, mit einem ausländischen Gericht umzugehen, den Hauptteil der Diplomatie darstellt, ist es nicht weniger wichtig, dass der Diplomat selbst in der Lage sein sollte, schriftlich einen genauen und wahrheitsgetreuen Bericht über sein eigenes Gericht zu geben, und zwar sowohl im Hinblick auf die von ihm betreuten Verhandlungen und in Bezug auf alle anderen anfallenden Geschäfte. Die Briefe, die ein Diplomat an seinen Prinzen schreibt, werden „Depeschen" genannt und sollten von Redewendungen, Präambeln und anderen eitlen und nutzlosen Verzierungen befreit werden. Sie sollten einen vollständigen Bericht über sein Vorgehen geben, beginnend mit seiner ersten *Demarche* bei seiner Ankunft am ausländischen Gericht, eine detaillierte Beschreibung der Art und Weise, wie er empfangen wurde, und anschließend Schritt für Schritt berichten, wie er vorgehen will ein Verständnis für alles, was um ihn herum geschieht. So werden die Depeschen eines wirklich erfahrenen Diplomaten ein Bild des fremden Landes zeichnen, in dem er nicht nur den Verlauf der Verhandlungen beschreibt, die er selbst führt, sondern auch eine Vielzahl anderer Angelegenheiten, die den wesentlichen Hintergrund und Rahmen seiner Verhandlungen bilden politisches Handeln.

Eine Porträtgalerie.

Es wird nicht nur die Porträts des Königs selbst enthalten, sondern auch aller seiner Minister und in der Tat aller Personen, die Einfluss auf den Verlauf der öffentlichen Angelegenheiten haben. So kann der fähige Diplomat seinem Herrn die Kontrolle über das gesamte Material übertragen, das für eine echte Beurteilung des fremden Landes notwendig ist, und je erfolgreicher er diesen Teil seiner Pflichten ausführt, desto sicherer wird er seinem Herrn das Gefühl geben, er selbst zu sein hatte im Ausland gelebt und die beschriebenen Szenen gesehen. Unter den gegenwärtigen Umständen wird allen französischen Diplomaten, sowohl Botschaftern als auch Gesandten, die Ehre zugestanden, direkt mit dem König zu kommunizieren , um über ihre Amtsführung im Ausland Rechenschaft abzulegen, während es ihnen früher nur gestattet war, ihre Berichte über einen Staatssekretär zu übermitteln Auswärtige Angelegenheiten. Das letztere Vorgehen führte zweifellos dazu, dass sie sowohl in der Sache als auch im Stil ihrer Depeschen vorsichtiger waren . Dies ist bedauerlich, denn es gibt nichts Wichtigeres, als dass der im Ausland lebende Diplomat sich in der Lage fühlt, bei all seinen Bemühungen, das Land, in dem er lebt, zu beschreiben, mit Offenheit , Freiheit und Kraft zu schreiben.

Eigenschaften eines guten Versands .

Die besten Depeschen sind diejenigen, die klar und prägnant verfasst sind und nicht durch nutzlose Beinamen oder irgendetwas geschmückt sind, das die Klarheit der Argumentation trüben könnte. Einfachheit ist das erste Wesentliche, und Diplomaten sollten größte Vorsicht walten lassen, um alle Affekte zu vermeiden, wie zum Beispiel die Vortäuschung von Witz oder die gelehrte Übergewichtigkeit wissenschaftlicher Abhandlungen. Tatsachen und Ereignisse sollten in ihrer wahren Reihenfolge und auf eine Weise niedergelegt werden, die es ermöglicht, die richtigen Schlussfolgerungen daraus zu ziehen. Sie sollten in den richtigen Kontext gestellt werden, um sowohl die Umstände als auch die Motive darzustellen, die das Vorgehen ausländischer Gerichte leiten. Tatsächlich ist eine Depesche , die lediglich Tatsachen aufzählt, ohne sie im Lichte der Motive und der Politik von Autoritätspersonen zu diskutieren, nichts weiter als eine leere Gerichtschronik. Die richtige Art der Absendung muss nicht lange dauern, denn selbst die umfassendste Erörterung von Motiv und Umständen kann in kompakter Form präsentiert werden; Und je kompakter und klarer es ist, desto sicherer wird es den Leser überzeugen.

Über das Führen eines Tagebuchs.

Dies veranlasst mich zu der Annahme, dass es für den Diplomaten nützlich sein wird, sich täglich Notizen über die Hauptpunkte zu machen, über die er Rechenschaft ablegen muss, und dass er es sich zur besonderen Praxis machen sollte, sich an seinen Schreibtisch zu setzen, sobald er von einer königlichen Audienz kommt. und er schrieb nach bestem Wissen und Gewissen genau auf, was gesagt wurde, wie es gesagt wurde und wie es aufgenommen wurde. Dieses Tagebuch, ein wertvoller Bestandteil der diplomatischen Ausrüstung, wird ihm beim Verfassen seiner Depeschen eine große Hilfe sein und ihm die Möglichkeit geben, sein eigenes Gedächtnis zu einem späteren Zeitpunkt zu korrigieren. Er sollte seine Depeschen in Form von separaten kurzen Artikeln verfassen , die sich jeweils auf einen bestimmten Punkt beziehen, denn wenn er seine Depesche in einem einzigen unhandlichen, ununterbrochenen Absatz präsentieren würde, würde er möglicherweise nie gelesen. Ein kluger alter Unterhändler aus meinem Bekanntenkreis sagte wahrheitsgemäß, dass eine ordentlich und in mehreren kurzen, klaren Absätzen verfasste Depesche wie ein Palast sei, der von vielen Fenstern erleuchtet werde, so dass es keine dunkle Ecke darin gebe.

Geordnetes Archiv.

Neben seinem Tagebuch sollte der Verhandlungsführer ein genaues Protokoll aller von ihm verfassten Depeschen führen und diese zur leichteren Bezugnahme in chronologischer Reihenfolge aufbewahren. Das Gleiche sollte er mit denen tun, die er empfängt. Ein gut organisiertes Register ist eine gute Sache für den Verhandlungsführer. Es gibt gewisse Verhandlungsführer, die nachts an ihrem Schreibtisch sitzen und alles aufschreiben, was sie tagsüber gelernt oder erraten haben, um aus diesem Tagebuch sozusagen das Rohmaterial für ihre Urteile über die Ereignisse liefern zu können . Manchmal ist es klug, der Praxis des römischen Hofes zu folgen und jedem der Hauptthemen, zu denen Depeschen verschickt werden, separate Briefe zu widmen, die separat versiegelt sind. Dies ist insbesondere dann der Fall, wenn es erforderlich ist, einem Botschafter Anweisungen zu mehreren verschiedenen Punkten zu erteilen, da er möglicherweise verpflichtet ist, seine Anweisungen dem Außenminister vorzulegen, und es wäre gut, wenn er dazu in der Lage wäre, dies in Bezug auf bestimmte Punkte zu tun ausstellen, ohne die Anweisungen preiszugeben, die er zu anderen Themen erhalten hat.

Wenn wichtige Verhandlungen anstehen, sollten keine Kosten gescheut werden, um einen effizienten Kurierdienst aufrechtzuerhalten, obwohl sich der junge Diplomat andererseits davor hüten sollte, per Spezialkurier etwas zu verschicken, das nicht von allererster Wichtigkeit ist ...

Diskretion beim Verfassen von Sendungen .

Es ist Sache des Verhandlungsführers selbst, darüber zu entscheiden, wie frei er über die Personen und Ereignisse eines fremden Landes schreiben darf. Es wäre klug für ihn, sich zu entscheiden, inwieweit er sich auf den guten Glauben seines eigenen Königs oder seines Außenministers verlassen kann, denn es ist denkbar, dass die Depeschen, die er schreibt, dem Prinzen vorgelegt werden oder die darin beschriebenen Minister. In diesem wie in vielen anderen Angelegenheiten muss der Diplomat die Charaktere sowohl der Persönlichkeit, die er beschreibt, als auch der Persönlichkeiten kennen, an die seine Depeschen gerichtet sind. Während er an seinem Schreibtisch sitzt und seine Depesche verfasst , sollte er sich daran erinnern, wie wichtig er als Bindeglied zwischen zwei großen Nationen ist; Wie viel hängt möglicherweise von der Art und Weise ab, in der er seine Interpretation der Ereignisse seiner eigenen Regierung präsentiert, und wie wichtig und weitreichend sind daher die ihm anvertrauten Interessen? Daran erinnernd, wird er seinen Sekretär und die Attachés seiner Botschaft anweisen, als Augen und Ohren seiner Diplomatie zu fungieren und sein Beispiel nachzuahmen, indem er täglich sorgfältig Aufzeichnungen über Eindrücke, Ereignisse und Personen führt. Indem er Notizen mit seinen Untergebenen vergleicht , wird er eine seiner Hauptaufgaben, nämlich die sorgfältige Unterscheidung zwischen zweifelhaften und wahren Informationen, umso besser erfüllen können.

Nachrichten im richtigen Rahmen.

Es kommt oft vor, dass Nachrichten dann am unsichersten sind, wenn sie am wichtigsten sind. Er sollte daher darauf achten, es unter Berücksichtigung aller damit verbundenen Umstände zu übermitteln, damit der Fürst über Material verfügt, anhand dessen er beurteilen kann, ob der Rat seines Botschafters begründet ist. Es besteht kein Zweifel, dass in Krisen dieser Art die Gewohnheit der privaten Korrespondenz zwischen dem Außenminister und dem König und seinen Ministern im Ausland von größtem Nutzen ist, denn sie ermöglicht es ihnen, alle Fragen mit einer Freiheit zu erörtern, die den Depeschen von a verwehrt ist formellere Art; und oft wird die Heimatregierung dadurch in den Besitz von Wissen gelangen, das für sie von größtem Wert sein wird. Und da ein wahres Urteil über die Ereignisse in einem Land oft davon abhängt, was in anderen geschieht, wird ein Diplomat im Ausland stets Kontakt zu seinen Kollegen in anderen Ländern halten, damit er über den Verlauf der Ereignisse anderswo informiert sein kann . Diese Zusammenarbeit zwischen Botschaftern im Ausland ist eines der nützlichsten Merkmale der Diplomatie.

Chiffren.

Da Geheimhaltung die eigentliche Seele der Diplomatie ist, wurde die Kunst, Briefe in Chiffre zu schreiben, erfunden, um die geschriebene Botschaft zu verschleiern, aber sofern die Chiffre nicht ungewöhnlich geschickt ist, ist sie die Industrie von Männern, deren Verstand durch Notwendigkeit und Eigennutz geschärft wird , wird es nicht versäumen, den Schlüssel dazu zu finden. In der Tat ist dies so weit fortgeschritten, dass es mittlerweile Männer gibt, die als professionelle Entschlüsseler bekannt sind, obwohl ihr Ruf, wie ich glaube, aller Wahrscheinlichkeit nach weitgehend auf der Unfähigkeit schlechter Chiffrierer beruht und nicht auf der Entdeckung einer guten Chiffriermaschine . Denn tatsächlich zeigt die Erfahrung, dass eine gut gemachte und gut gehütete Chiffre praktisch unentdeckbar ist, außer durch Verrat, das heißt, dass selbst der klugste Chiffrierforscher ohne die Hilfe nicht in der Lage sein wird, sein Geheimnis zu lüften Korruption. Es ist daher die Pflicht des Botschafters, nachdem er sich vergewissert hat, dass die Chiffren seiner Regierung geschickt gemacht sind, alle Mittel zu ihrem gebührenden Schutz zu ergreifen und sich insbesondere davon zu überzeugen, dass die Mitarbeiter seiner Botschaft nicht nur die Verwendung der Chiffre verstehen selbst, aber es ist äußerst wichtig, es vor unbefugten Blicken zu schützen. Und sicherlich sollte der Botschafter nicht die träge Praxis übernehmen, von der ich ein oder zwei Fälle kenne, bei der der weniger wichtige Teil einer Depesche *en clair* geschrieben wurde und der Botschafter selbst den entscheidenden Teil in Chiffre hinzufügte. Eine Aktion dieser Art ist ein Meisterwerk der Sinnlosigkeit, denn sie führt direkt zur Kompromittierung der Chiffre selbst. Denn wenn der Brief in die Hände des Feindes gerät, wird es für einen geschickten Spion nicht schwierig sein, die Art des Satzes in Chiffre aus dem im *Klartext geschriebenen Kontext zu erraten* .

Mit einem Wort: Der Botschafter und seine Mitarbeiter sollten eine Chiffre so hüten, wie sie die innersten Geheimnisse ihres eigenen Herzens hüten würden. Eine wirklich effektive Chiffre ist im wahrsten Sinne des Wortes weit mehr wert als ihr Gewicht in Gold.

Allgemeine Aufgaben.

Es ist die Pflicht der an ausländischen Gerichten residierenden Minister, dafür zu sorgen, dass dort nichts veröffentlicht wird, was der Ehre oder dem Ruf ihres Souveräns zuwiderläuft , und alle erforderlichen Maßnahmen zu ergreifen, um die Verbreitung von Geschichten und Gerüchten zu verhindern , die seinen Interessen abträglich sind. Der Botschafter muss darauf achten, die Interessen aller Untertanen seines Herrn zu schützen, sowohl in solchen Angelegenheiten wie der freien Ausübung ihrer Religion, in der er seine Botschaft sogar als Asyl für Verfolgte anbieten sollte, als auch in anderen Angelegenheiten als Vermittler zwischen seinen Landsleuten bei Streitfällen. Bei Bedarf sollte er bereit sein, ihnen zu helfen und auf jede erdenkliche Weise unter ihnen auf der Grundlage einer lockeren, aber würdevollen Freundschaft zu leben. Und andererseits sollten Persönlichkeiten, die ein fremdes Land besuchen, niemals versäumen, ihrem eigenen Botschafter ihre Aufwartung zu machen, und es ist auch die Pflicht des Botschafters, sie an ihre Pflicht gegenüber dem ausländischen Gericht selbst zu erinnern. Wenn es sich um gerichtlich befugte Personen handelt, begehen sie einen groben Verstoß gegen die Etikette, es sei denn, sie unternehmen die entsprechenden Schritte, um sich dem Souverän zu melden. Und bei öffentlichen Festen aller Art sollte er besonders darauf achten, dass die Mitglieder seiner eigenen Nationalkolonie ihren angemessenen Anteil daran haben und ihnen die ihnen zustehenden Rechte zuerkannt werden. Je besser seine Beziehungen zu seinen im Ausland lebenden Landsleuten sind, desto sicherer wird er erkennen, wie groß die gegenseitigen Vorteile sind, die dadurch erzielt werden können, denn oft kommt es vor, dass inoffizielle Personen gewissermaßen zufällig Informationen erhalten, die von größter Bedeutung sein können dem Botschafter bei seinen Verhandlungen. Wenn zwischen ihm und ihnen keine guten Beziehungen bestehen, kann es sein, dass er wichtige Tatsachen nicht kennt.

Diese Gebote sind die Frucht der Erfahrung.

In den vorstehenden Ausführungen habe ich lediglich einen Überblick über die Qualitäten und Pflichten des Diplomaten gegeben. Notwendigerweise fehlt in diesen flüchtigen Notizen vieles; aber ich glaube, ich kann behaupten, dass alle erfahrenen Diplomaten den von mir gegebenen Rat gutheißen und erklären werden, dass die Politik unserer Nation umso sicherer Erfolg haben wird, je mehr meine Gebote in der Praxis der Diplomatie eingehalten werden. Wenn ich den Schwerpunkt auf das Wesentliche gelegt habe und nicht auf die Form und die Umstände der diplomatischen Arbeit, wenn ich auch mit Offenheit gesprochen habe , sowohl über die Pflichten des Ministers im Inland als auch seiner Agenten im Ausland, dann deshalb, weil ich das glaube Die Kenntnis der Wahrheit ist der notwendige Vorläufer einer fruchtbaren Reform.

Diplomatie voller Möglichkeiten.

anerkannt und ihnen Ehrungen zuteil werden, wenn sie in Verhandlungen hervorragende Verdienste gezeigt haben, und in solchen Angelegenheiten gilt die höhere Ehre zweifellos mit immer wichtigeren Staatsangelegenheiten betraut zu sein. Sollte es dem Diplomaten jedoch an dieser Anerkennung mangeln, kann er seine eigene Belohnung in der Genugtuung finden, die ihm übertragenen Pflichten treu und effizient erfüllt zu haben. Es wurde oft gesagt, dass der öffentliche Dienst eine undankbare Aufgabe sei, bei der der Mensch seinen Hauptlohn in sich selbst finden müsse. Wenn ich dazu gezwungen werde, zuzustimmen, kann ich nicht zulassen, dass es dazu missbraucht wird, junge Männer von guter Geburt und guten Fähigkeiten davon abzuhalten, meinen eigenen Beruf zu ergreifen. Enttäuschungen erwarten uns in allen Lebensbereichen, aber in keinem Beruf werden Enttäuschungen durch reiche Möglichkeiten so deutlich aufgewogen wie in der Ausübung der Diplomatie.

9 789359 251059